낯섦과 공존

AI 시대의 세계관 확장 수업

일러두기

- 이 책에 실린 본문 이미지 중 일부는 생성형 AI를 활용하여 만들었습니다.
- 책의 마지막 페이지에는 QR코드가 삽입되어 있습니다. 구글의 AI 기반 어시스턴트인 'NotebookLM'으로 이 책의 내용을 바탕 삼아 팟캐스트 대담을 만들었고, QR코드를 실행하면 그 대담을 즐기실 수 있습니다.
- 이 책은 노출사철제본으로 제작됐습니다. 더욱 튼튼히, 오래도록 여러분의 곁에서 각자 세계관을 확장하는 데 좋은 동반자가 되길 바라는 마음입니다.

당신의 세계관을 확장해줄 다섯 문장

낯섦과 공존

AI 시대의 세계관 확장 수업

김태원 지음

변곡점의 시대는 우리에게 좋은 질문을 던진다
홍수가 나면 마실 물이 귀하다
모든 경계에는 꽃이 핀다
나의 삶을 사는 것이 영감의 원천이다
거인의 어깨 위에 올라서서 더 넓은 세상을 바라보라

The age of inflection points asks us a good question
Water is precious when there is a flood
Flowers bloom on all boundaries
Living my life is the source of inspiration
Stand on the shoulders of giants to look at the wider world

| 프 롤 로 그 |

AI 시대, 새로운 공존의 세계관을 찾아서

구글에서 일할 때 그 누구보다 설레는 마음으로 봄을 기다렸습니다. 매년 5~6월이 되면 미국 실리콘밸리에서 구글의 연례 개발자 회의인 I/O가 열리기 때문입니다. AI를 비롯한 기술과 디지털 생태계의 미래를 먼저 만날 수 있을 뿐 아니라, 기술이 우리의 삶을 어떻게 더욱 풍요롭게 만들 수 있는지에 대한 구글의 비전과 철학을 공유하는 자리입니다. 구글뿐 아니라 메타의 커넥트Connect, 마이크로소프트의 빌드Build, 애플의 WWDC, 테슬라의 AI Day, AWS의 re:Invent, 그리고 엔비디아의 GTC와 OpenAI의 데브데이DevDay에 이르기까지, 거대 기술 기업들은 저마다의 무대에서 앞다투어 AI 기술을 세상에 공개합니다. 그리고 그 눈부신 발표가 끝나는 순간, 우리의 현실은 빠른 속도로 어제가 되고 익숙했던 세상의 문법들이 낯설어지기 시작합니다.

출처: 구글 공식 블로그

　'이론이 현실이 되다From Research to Reality'라는 주제 아래 열린 2025년 구글 I/O에서 펼쳐진 장면들은 그 낯섦의 깊이를 실감하게 합니다. 구글은 한 달에 480조 개 이상의 토큰(AI 모델이 텍스트, 이미지 또는 기타 형태의 데이터 등 정보를 이해하고 분석하는 데 사용하는 기본 구성 요소)을 처리하고 있다고 발표했는데, 이는 1년 전에 비해 무려 50배나 증가한 수치입니다. 엔지니어나 AI 전문가가 아니라면 데이터나 숫자가 의미하는 바를 해석하기는 어렵습니다. 다만 위 그래프의 '가파름'을 보며 변화에 '가속도'가 붙었다는 것은 누구나 확인할 수 있습니다.

프롤로그

실시간으로 주변 환경을 이해하며 질문에 답하는 '프로젝트 아스트라$^{Project\ Astra}$'는 AI가 물리적 현실과 상호작용하는 파트너가 될 수 있음을 보여주었습니다. 의료 분야를 위해 개발된 '메드젬마^{MedGemma}' AI 모델은 수많은 환자의 복잡한 의료 기록을 순식간에 분석하여 의사가 놓칠 수 있는 희귀질환의 가능성을 제시하는 등 이미 전 세계 의료계에 큰 파장을 만들고 있습니다. 몇 줄의 텍스트만으로 영화 같은 영상을 창조해내는 생성형 비디오 모델 '비오^{Veo}'의 발전은 창작의 경계를 허물고 있습니다.

이 모든 것은 불과 몇 년 전까지만 해도 상상 속에서만 펼쳐졌던 '불가능'의 영역에 있던 것들입니다. AI는 이제 단순히 우리의 일을 돕는 것을 넘어 상상력의 경계를, 가능성의 한계를 재정의하고 있습니다. 오랫동안 구글에서 일하며 이 기술적 변화의 최전선을 민감하게 관찰해왔지만, 지금 AI를 중심으로 벌어지고 있는 혁신의 속도는 저의 오랜 경험조차 낯설게 할 정도입니다. 과거에는 개별 '기술'의 발전을 보았다면, 이제는 그들이 그리는 '세계관'의 크기를 보는 시대가 되었습니다. 엔비디아의 CEO 젠슨 황$^{Jensen\ Huang}$이 던진 "시장이 이미 발명한 것을 어떻게 재창조할 수 있는가?"라는 질문은, 단순히 새로운 칩을 만들겠다는 선언이 아니라 컴퓨팅의 개념 자체를, 나아가 우리가 사는 세계를 새롭게 열겠다는 거대한 의지로 들립니다. 이 책을 쓰는 동안에도 AI 기술은 신대륙을 찾기 위해 지브롤터 해협을 떠난 배처럼 서로 더 먼 미래로 가기 위한 레이스를 펼치고 있습니다.

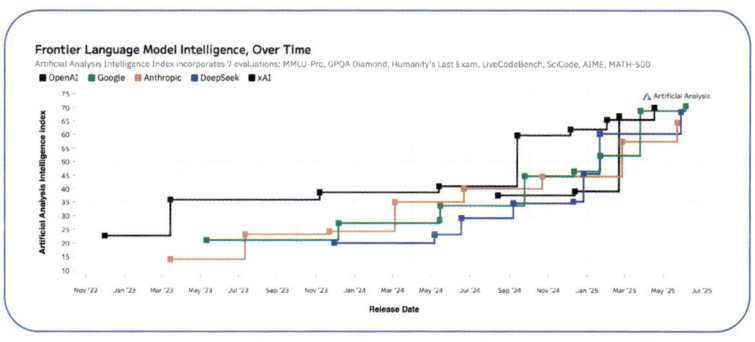

출처: Artificial Analysis

우리는 지금, 익숙했던 개념이 재정의되고 오래된 지도가 빛을 잃는 '낯섦'의 시대를 살고 있습니다. AI는 예측 불가능한 가능성으로 우리를 한 번도 경험하지 못한 세계로 이끌며, 존재의 근원을 향한 질문을 던지게 합니다. 이 거대한 낯섦 앞에서 우리는 가슴 벅찬 기대와 서늘한 불안을 동시에 느낍니다.

하지만 인류는 역사 속에서 늘 이 '낯섦'을 새로운 세계를 여는 기회로 바꾸어왔습니다. 특히 어떤 기술적 혁신은 새로운 시대로 가는 변곡점이 됩니다. 인쇄술의 발명이 지식의 경계를 허물고, 증기기관이 산업의 지형을 바꾸었으며, 튜브 물감이 화가들을 공방의 어둠에서 빛의 세계로 이끌어낸 것처럼, 모든 위대한 전환은 기존의 세계를 낯설게 만들고 더 큰 세계를 열었습니다. AI가 만들고 있는 이 거대한 '낯섦'은 우리가 마주해야 할 도전인 동시에, 우리가 상상하지 못했던 새로운 '공존'의 시대로 나아갈 수 있는 문이기도 합니다.

이 책의 제목을 '낯섦과 공존'으로 정한 이유가 여기에 있습니다. 이제 '공존'은 단순히 인간과 AI의 조화를 넘어, 기술과 인문학이 서로의 지혜를 빌리는 방식을 모색하고, 서로 다른 산업과 분야의 경계를 허물어 새로운 가치를 창조하며, 기술을 단순한 도구가 아닌 우리 삶의 방식과 사고의 틀을 변화시키는 '문화'로 받아들이는 깊이 있는 성찰로 확장되어야 합니다.

이 책은 그 새로운 공존의 방식을 찾아 떠나는 한 편의 '세계관 수업'입니다. AI라는 변곡점의 시대에 우리는 어떤 '좋은 질문'을 던져야 할까요? 기술과 데이터의 홍수 속에서 어떻게 진정한 인사이트를 길어 올릴 수 있을까요? 모든 경계에서 피어나는 혁신의 꽃들을 더 활짝 만개(滿開)시키기 위해서 우리는 무엇을 해야 할까요? 그리고 무엇보다, 이 모든 변화 속에서 '나'라는 존재의 고유한 서사는 어떻게 더욱 빛을 발할 수 있을까요?

이 책이 AI 시대라는 낯선 풍경 앞에서 '공존'을 향한 새로운 세계관의 여정을 떠나는 여러분에게 작은 영감이 되길 바랍니다.

이제, 저와 함께 미술관에서 그 첫 번째 수업을 시작해보실까요?

| 차 례 |

| 프롤로그 | AI 시대, 새로운 공존의 세계관을 찾아서 | 004 |

| 수업에 앞서 | 미술관에서 AI 시대를 생각하다 | 014 |

그림이 걸린 벽의 색깔,
그리고 우리가 살아갈 시대의 배경 … 016

| 첫 번째 수업 | 변곡점의 시대는 우리에게 좋은 질문을 던진다 | 024 |

Change is inevitable … 026
'코로나'라는 변곡점에서 만난 새로운 질문들 … 030
내 삶 속 변곡점에서 만난 새로운 질문들 … 033
생성형 AI라는 '변곡점'을 마주한 시대 … 040

Special Story 　변곡점 위의 예술가들 … 046
　: 물감에서 AI까지, 새로운 세계관의 시대

두 번째 수업	홍수가 나면 마실 물이 귀하다	056
	기술을 통해 재정의되는 문제 해결 방식	058
	창의력의 확장과 프로세스의 민주화	068
	기술은 도구가 아니라 문화다	078
	문제 발견과 정의를 위해 필요한 '주인의식'의 가치	097
Special Story	마스터카드 Room for Everyone 사례	104
	: 데이터, 국경을 넘다	

세 번째 수업	모든 경계에는 꽃이 핀다	110
	경계를 넘는 시선과 세계관을 확장하는 질문들	112
	더 많은 경계에서 꽃을 피우기 위해 필요한 것	135
	거인은 왜 춤을 추지 못하는가? Why can't giants dance?	142
	<뉴욕타임스>	144
	: '그레이 레이디'에서 디지털 혁신의 선두 주자로	
	산업 중심에서 문제 중심으로	150
Special Story	페디그리의 'Adoptable' 캠페인	156
	: AI와 광고의 경계에서 핀 따뜻한 꽃	

네 번째 수업   나의 삶을 사는 것이 영감의 원천이다   160

기술의 시대 vs. 서사의 시대	162
기술과 디지털 시대에도 계속되는 서사의 가치	169
일과 나의 삶	180
Special Story 닌텐도의 이와다 사토루 이야기	186
: "명함 속 사장, 머릿속 개발자, 마음속 게이머"	

다섯 번째 수업   거인의 어깨 위에 올라서서 더 넓은 세상을 바라보라   192

거인의 어깨 위에 서는 설렘	194
기술, 우리 곁에 있는 큰 거인	199
사람, 서로에게 가장 큰 거인이 되어야 할 시대	204
거인의 어깨는 멀고, 질투의 골은 깊다	208
: 성장형 마인드셋을 가로막는 그림자	
리더십의 새로운 차원, 공감 마인드셋	213

수업을 마치며   좋은 질문은 계속되어야 한다   218

AI 시대를 살아가는 모두를 위해	220
중학생에게 배운 이 시대를 위한 인사이트	221
각자의 지브롤터 해협에서	225

수업에 앞서

미술관에서
AI 시대를 생각하다

그림이 걸린 벽의 색깔, 그리고 우리가 살아갈 시대의 배경

어떤 순간, 아주 사소한 발견이나 경험 하나가 우리의 세계관을 완전히 바꿀 때가 있습니다. 저에게는 경복궁 옆에 있는 국립현대미술관에서 네덜란드 암스테르담 국립 미술관인 '라익스 미술관 Rijksmuseum'의 리노베이션 과정을 담은 다큐멘터리 영화를 보던 날이 바로 그런 순간이었습니다. 그 영화는 우커 호헌데이크 감독의 〈라익스 미술관의 새 단장 – 더 필름〉이었어요.

세계적인 미술관을 리노베이션하는 긴 여정에는 수많은 의사결정과 논쟁이 필요했습니다. 그림을 배치하는 방법, 관객의 동선을 구성하는 방법 등 어느 하나 소홀히 할 수 없는 결정들입니다. 그런데 가장 치열한 논쟁거리 중 하나가 다름 아닌 전시실 벽의 색깔이었다는 사실을 영화를 보며 알게 되었을 때, 저는 뜻밖의 행복감에 휩싸였습니다.

그림을 가장 돋보이게 할 색은 무엇일까? 관객의 시선을 가장 편안하게 어루만져 줄 색은? 혹은 이 유서 깊은 공간의 느낌을 오롯이 되살릴 색은 과연 어떤 것일까? 단 하나의 정답이란 존재하지 않았습니다. 관점과 철학에 따라 매우 다양한 선택지가 존재했고, 그 선택을 위한 긴 논쟁 자체가 하나의 거대한 예술 행위처럼 느껴졌습니다.

그 다큐멘터리 영화를 상영한 국립현대미술관의 행사 이름이 '미술관을 말할 때 우리가 이야기하는 것들'이었는데, 그 뒤로 미술관을 말할 때 제가 이야기하는 것이 정말로 달라지고 있었습니다. 예전의 저라면 미술관에서 오직 그림만 바라보았을 겁니다. 화가의 필치, 색감의 조화, 작품이 담고 있는 이야기와 역사적 의미에만 골몰했겠죠. 하지만 그날 이후, 제게는 그림이 걸려 있는 바로 그 '벽의 색깔' 또한 감상의 대상이 되었습니다.

벽의 색깔은 더 이상 그림을 위한 소극적인 배경이 아니었습니다. 그것은 그림과 공간, 그리고 관객을 연결하는 능동적인 매개체였고, 그 자체로 미술관의 철학을 드러내는 또 하나의 작품이었습니다. 미술관에서 보고 느끼는 저의 세계관이 한층 더 깊고 풍부해지는 순간이었습니다.

네덜란드 암스테르담의 라익스 미술관

그로부터 몇 주 뒤, 런던으로 향한 여행길에서 이 생각은 더욱 생생한 현실로 다가왔습니다. 내셔널 갤러리에서 제가 좋아하는 폴 들라로슈 Paul Delaroche의 작품 〈레이디 제인 그레이의 처형〉 앞에 섰을 때였죠. 예전 같으면 습관적으로 그림에 가까이 다가가 세부적인 부분만 보려고 했을 겁니다. 이미 제 스마트폰 사진첩에는 그렇게 클로즈업된 작품들이 가득하기도 했어요.

하지만 그날 그 순간, 저는 자신도 모르게 몇 걸음 뒤로 물러서고 있었습니다. 캔버스 속 비극적인 장면뿐 아니라, 그 그림을 묵묵히 품고 있는 벽의 색깔까지 온전히 화면에 담아내려는 저 자신을 발견한 것입니다. 라익스 미술관의 그 치열했던 논쟁이 제 안에 남긴 작지만 선명한 파장이 었어요. 그것은 단순히 그림 사진을 찍는 방식의 변화가 아니었습니다. 그림 한 점을 넘어 그 그림이 속한 공간, 그 공간을 이루는 모든 요소와 상호작용하는 법을 깨달은 거죠. 진정으로 그림을 감상하고 미술관을 느끼는 저의 세계관이 한 뼘 더 자라는 경험이었습니다.

이러한 깨달음은 비단 미술관에만 국한되지 않습니다. 우리는 종종 어떤 대상 그 자체에만 시선을 고정한 채, 그것이 놓인 맥락과 배경의 중요성을 간과하곤 합니다. 어떤 직업을 갖고 일을 하거나 특정 분야에 속해 살아가다 보면 그것이 우리 세계의 전부가 되기도 하죠. 하지만 대상과 그것이 존재하는 배경을 입체적으로 함께 바라볼 때, 우리는 비로소 그 대상의 의미와 가치를 온전히 이해할 수 있게 됩니다. 이 둘의 관계를 파악하는 것이 우리가 살아가는 시대를 더욱 폭넓게 통찰할 수 있게 만드는 입체적인 세계관의 출발점이 될 것입니다.

이러한 입체적인 세계관은 지금 우리가 살고 있는 인공지능(AI) 시대를 이해하고 해석하는 데 있어 그 어느 때보다 절실하게 요구됩니다. AI는 이미 우리 일과 삶의 모든 영역에 스며들어, 마치 라익스 미술관의 벽 색깔처럼 우리 시대의 새로운 '배경색'을 이루고 있습니다. 이 배경색을 단지 효율성을 높이는 도구나 신기한 기술의 집합체로만 인식한다면, 우리는 AI가 가진 진정한 의미와 잠재력, 그리고 그것이 드리울지 모를 그림자까지 제대로 파악할 수 없을 것입니다.

AI라는 새로운 배경은 과연 우리의 일과 삶을 어떤 빛깔로 물들일까요? 그것은 창의성을 극대화하고 인간을 고된 노동에서 해방시키는 밝고 따뜻한 색일까요, 아니면 일자리를 위협하고 인간 소외를 심화시키는 차갑고 불안한 색일까요? 라익스 미술관의 벽 색깔을 결정하기 위해 수많은 전문가들이 각자의 철학과 관점을 제시하며 치열하게 논쟁했듯, AI 시대라는 배경색을 이해하기 위해서도 우리는 다양한 분야의 목소리에 귀를 기울여야 합니다. 기술 공학자의 분석, 사회인류학자의 식견, 철학자의 윤리적 성찰, 예술가의 직관적인 감각, 그리고 평범한 시민들의 일상적인 경험과 고민이 한데 어우러져야 합니다.

미술관의 벽 색깔이 그림에 새로운 생명을 불어넣듯, AI라는 시대적 배경에 대해 입체적으로 이해하고 성장할 수 있는 세계관은 우리 스스로 미래를 주체적으로 설계하고 기술이 인간의 존엄성과 가치를 더욱 빛나게 하는 시대를 만들어가는 데 가장 중요한 첫걸음이 될 것입니다.

첫 번째 수업

● ○ ○ ○ ○ ── 변곡점의 시대는 ──

—— 우리에게 좋은 질문을 던진다

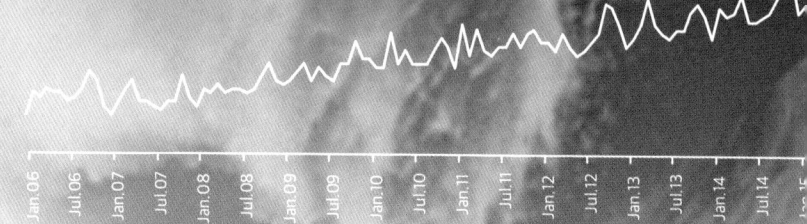

Change is inevitable

우리 삶에는 많은 변곡점이 존재합니다. 개인의 인생 여정에도, 기업의 흥망성쇠에도 어김없이 찾아오는 전환의 순간들입니다. 하지만 어떤 변곡점들은 단순한 변화를 넘어 우리 존재의 근원을 향해 묵직한 질문을 던집니다. 저는 지금이 바로 그런 의미심장한 변곡점의 시내라 생각합니다. 그리고 그 변곡점의 시대는 우리에게 '좋은 질문'을 건네고 있습니다.

위의 그래프가 무엇을 나타내는 것 같나요? 전 세계 구글 사용자들의 검색어 중 특정 단어에 대한 관심도 변화를 보여주는 지표입니

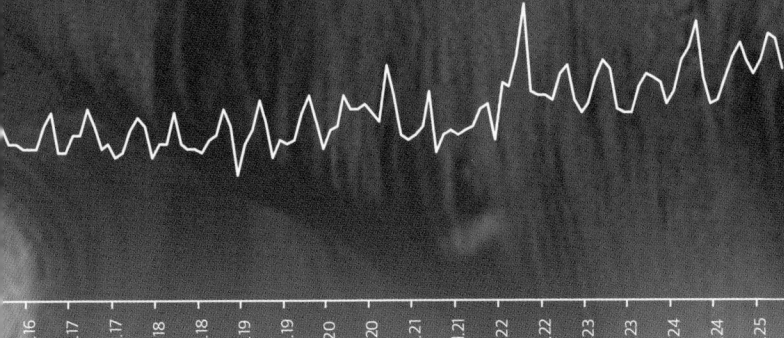

출처:Google Trends, Global

다. 시간이 흐를수록 꾸준히, 그리고 가파르게 상승하는 이 관심의 대상은 '변화^{change}'라는 단어입니다. 인류는 언제나 변화를 마주하고 변화에 적응하고 솔루션을 찾아내면서 새로운 단계로 나아갔습니다.

변화에 대한 관심은 어찌 보면 당연한 이야기입니다. 하지만 그 변화가 얼마나 빠른 속도로 우리를 휩쓸고 있는지 측정하기란 여간 어려운 일이 아닙니다. 우리가 운전대를 잡으면 시속 몇 킬로미터로 달리는지 계기판을 통해 알 수 있지만, 지금 이 세계가, 우리를 둘러싼 이 시대가 시속 몇 킬로미터로 변하고 있느냐는 질문에는 누구도 선뜻 답하기 어렵습니다.

그래서 조금 다른 방식으로 이 변화의 속도를 가늠해보고자 합니다. 현재 전 세계 검색 시장에서 구글의 점유율은 압도적입니다. 그런데 매일 구글에서 발생하는 전체 검색어 중 무려 15%는 과거에는 존재하지 않았던, 새롭게 창조된 검색어라고 합니다. 매일같이 전 세계 검색어의 15%가 새로운 옷을 갈아입는 셈입니다.

이것은 무엇을 의미할까요? 저는 세상이 매일 15%씩 새로운 관심사를 향해 나아가고 있다는 뜻으로 해석합니다. 여러분 각자가 얼마나 빠르게 변하고 있는지는 알 수 없지만, 우리가 어제와 다른 새로운 검색어를 입력한다는 것은 분명 새로운 호기심, 새로운 필요, 혹은 새로운 열망이 우리 안에 움트고 있다는 증거일 겁니다. 인류는 매일 15%만큼 새로운 지평으로 나아가고 있는 것입니다. 엄청난 변화의 속도가 일상인 시대를 살아가고 있습니다.

잠시 눈을 감고 '변화'라는 단어를 떠올려봅시다. 어떤 단어가 머릿속에 떠오르시나요? 나이, 계절 등을 떠올릴 수도 있고, 어떤 사람은 피곤함을 떠올릴 수도 있습니다. 변화란 때로 우리를 지치게 만드니까요. 모두 정답입니다. 저에게도 '변화'와 가장 가깝게 연상되는 단어가 있습니다. 바로 'inevitable 피할 수 없는'이라는 단어입니다.

솔직히 변화는 피곤한 일입니다. 저 역시 어제와 같은 오늘을, 오늘과 같은 내일을 살고 싶을 때가 있습니다. 익숙함이 주는 안락함은 거부하기 어려운 유혹이니까요. 하지만 제 삶의 여정에서 '변화는 피할 수 없다'는 명제는 마치 불변의 진리처럼 반복적으로 확인되어왔습니다. 앞서 살펴보았듯 변화에 대한 검색관심도는 끝없이 상승하고, 인류는 매일 15%씩 새로운 관심사를 향해 움직이고 있습니다.

'코로나'라는 변곡점에서 만난 새로운 질문들

어떤 변화는 단순히 '변화'라는 단어로는 다 담아내기 어려운 무게감과 파급력을 지니기도 합니다. 그런 순간을 우리는 '변곡점'이라고 부르죠. 코로나19 팬데믹이 전 세계를 휩쓸었을 때, 우리는 '뉴노멀New Normal'이라는 말을 쓰며 이전과는 전혀 다른 시대를 실감했습니다.

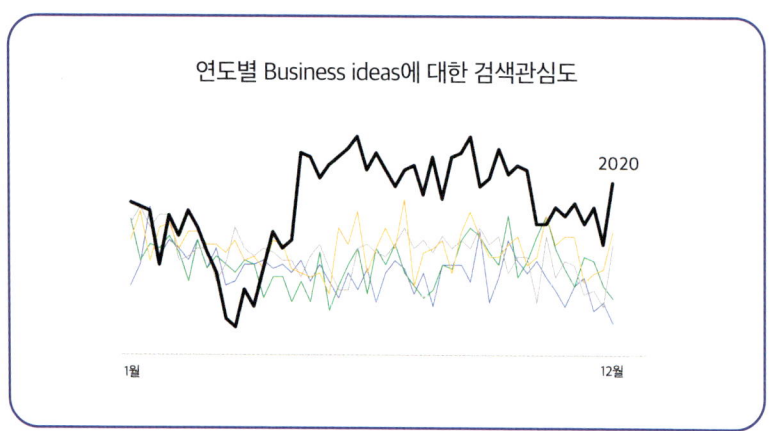

출처 : Google Trends

또 다른 그래프를 한번 볼까요? 어떤 단어가 있습니다. 그 단어의 검색관심도는 2016년부터 2019년까지 소소한 등락은 있었지만 추이에 큰 변화가 없었어요. 그런데 이 단어의 검색관심도가 2020년에 이르러 폭발적으로 증가하는 모습을 보입니다. 어떤 단어일까요? 마스크, 코로나, 주식, 코인, 부동산, 재택근무 같은 단어들이 떠오르실 겁니다. 놀랍게도 왼쪽의 그래프는 '비즈니스 아이디어business idea'에 대한 검색트렌드입니다.

그래프에 표시된 5년 중에 우리 삶에 가장 큰 불확실성과 위기가 드리웠던 해는 단연 2020년이었습니다. 하지만 역설적이게도 바로 그해에 인류는 역사상 가장 뜨겁게 새로운 비즈니스 아이디어를 갈망했습니다. 위기는 기회라는 말처럼요. 물론 모든 사람이 위기 속에서 기회를 발견하는 것은 아닙니다. 하지만 분명한 것은 거대한 위기의 파도가 덮쳐올 때 그 파도를 새로운 기회로 만들기 위해 적극적으로 움직이는 사람들의 수가 늘어나고, 그들 중 누군가는 실제로 위기를 기회로 바꾸어낸다는 사실입니다.

앞서 변곡점의 시대는 우리에게 좋은 질문을 던진다고 말했습니다. 코로나 시대는 '뉴노멀'이라는 새로운 현실과 함께, 우리에게 일하는 방식에 대한 근본적인 질문을 던졌습니다.

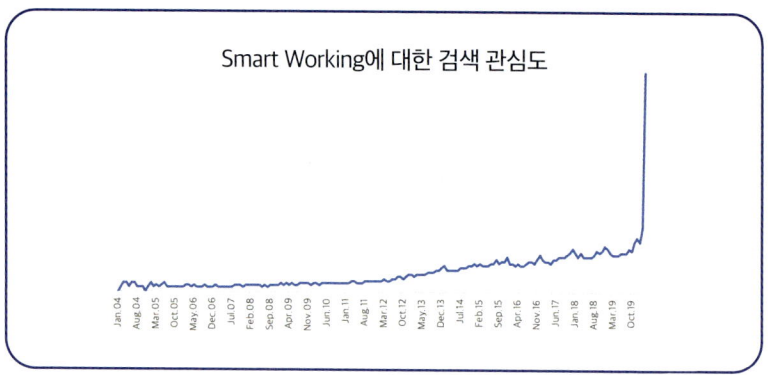

출처: Google Trends

위 그래프는 '스마트 워킹smart working'에 대한 검색량입니다. 세상이 변곡점을 맞이하자 "어떻게 일하는 것이 진정 스마트하게 일하는 것인가?"라는 근본적인 질문이 폭발적으로 터져 나오기 시작한 것입니다.

사람이 개인의 삶에서 마주하는 변곡점들은 때로 낯선 질문과 함께 새로운 세계관을 갖도록 자극합니다. 저 역시 그런 순간들을 경험했습니다.

내 삶 속 변곡점에서 만난 새로운 질문들

잠시 제 어린 시절로 돌아가볼까요? 저는 경상북도 상주의 작은 시골 마을에서 태어났습니다. 사진에서 보시는 것처럼 제 어린 시절은 그야말로 아날로그 그 자체였습니다. 눈에 띄는 큰 건물도 없고, 동네 친구도 몇 없고, 변변한 장난감 하나 없었죠. 집에서 키우는 개들과 함께 매일 논밭을 뛰어다녔습니다.

제가 살던 마을은 정말 작아서 다음 페이지의 사진 속 아이들이 마

을의 초등학생 전부였을 정도였어요. 운동회 사진을 보면 요즘은 잘 쓰지 않는 표현도 보입니다. '굳센 체력', 그 위에는 '개선문'이라고 적혀 있네요. 운동장에는 만국기가 펄럭였고요. 시골 작은 초등학교의 운동회는 그야말로 마을 축제였습니다. 운동회 날 아침, 어머니 심부름으로 동네 어르신들께 식사하러 오시라고 일일이 말씀드리고 다녔던 기억, 초등학교 운동장 한가운데 가마솥을 설치해 국을 끓이고 돼지고기를 삶던 풍경이 영화의 한 장면처럼 눈앞에 생생합니다.

시골에서 살다가 초등학교 5학년을 마치고 서울로 전학을 간 것은 제 삶에서 겪은 하나의 변곡점이었습니다. 그때부터 저는 이전과는 전혀 다른 환경과 마주하기 시작했습니다. 시골에서는 모두 비슷비슷해서 몰랐는데, 서울이라는 새로운 환경에 놓이자 제 삶에 어떤 '결핍'들이 존재했는지 비로소 보였습니다. 사회적으로, 문화적으로, 교육적으로 채워지지 않은 부분들이 보이기 시작했고, 그럴수록 상대적으로 소외되었을지 모를 시골 친구들이 더 많이 생각났습니다.

그때부터 교육에 대한 어떤 사명감 같은 것이 마음 한구석에 자리 잡았던 것 같습니다. '나중에 어른이 되어 누군가에게 의미 있는 콘텐츠나 인사이트를 공유할 수 있게 된다면, 꼭 이런 아이들을 만나는 데 시간을 써야겠다'라고 다짐했죠. 그래서 사회생활을 시작한 후 지난 18년 동안, 제 휴가의 상당 부분을 지방의 학생들과 선생님들을 만나는 데 쓰고자 노력했습니다.

특정 집단을 오랫동안 관찰하면 그 변화를 민감하게 감지하게 됩니다. 저 역시 18년간 학생들을 만나오면서 그들의 변화를 관찰하고 느껴왔습니다. 예전에 학생들에게 강의하면 질문은 거의 정해져 있었습니다. "세상에서 제일 좋은 직업은 뭐예요?", "구글에 입사하려면 어떻게 해야 돼요?", "그래서 연봉은 얼마예요?" "제가 무엇을 좋아하는지 모르겠어요. 어떻게 찾을 수 있을까요?"와 같은 질문이었죠. 그런데 18년간 거의 변하지 않던 그 질문들이 마침내 바뀌기 시작했습니다.

지금 아이들이 저에게 가장 많이 던지는 질문은 무엇일까요? 바로 "앞으로 어떤 직업이 사라질까요?"입니다.

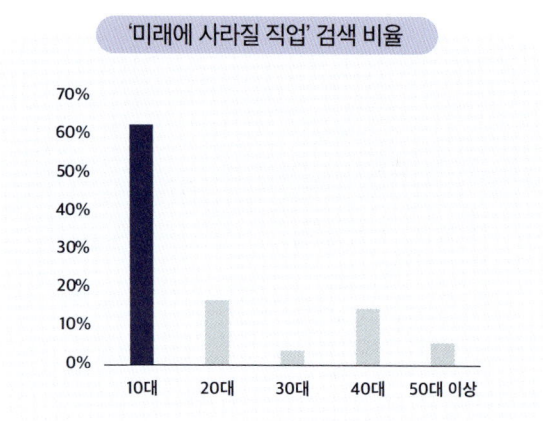

출처: 블랙키위

검색데이터를 분석해보면 미래에 사라질 직업에 대한 관심은 10대에서 압도적으로 높게 나타납니다. 40대가 다소 높은 이유는 아마 10대 자녀를 둔 부모님들이기 때문일 겁니다. 이 시대가 마주한 AI라는 변곡점이 아이들에게도 새로운 질문을 던지고 있는 것입니다. 그리고 이 질문은 비단 아이들뿐 아니라 어른에게도, 기업에도 그리고 우리 사회에도 동일하게 주어지고 있다고 생각합니다.

제 커리어를 소개할 때 "2006년에 구글에 입사해서 2024년까지 일했고, 지금은 이노레드를 이끌고 있습니다."라고 말씀드리면 너무 재미가 없겠죠. 그래서 제 커리어 안에도 몇 번의 변곡점이 있었다는 관점으로 설명해볼까 합니다.

제가 처음 구글에 입사했던 2006년은 아날로그 시대를 디지털로 전환하던, 이른바 '디지털 퍼스트 Digital First'의 시대였습니다. 그러다 스티브 잡스가 아이폰을 세상에 내놓으면서 '모바일 퍼스트 Mobile First' 시대가 열렸죠. 그리고 알파고와 이세돌 9단의 대국이 있었던 2016년, 구글은 이미 'AI 퍼스트 AI First'를 선언했습니다.

당시 구글 직원이던 저는 제 커리어의 마지막 변곡점이 왔다고 생각했습니다. 아날로그에서 디지털로, 디지털에서 모바일로, 그리고 마침내 AI까지. 더 이상 갈 곳이 없어 보였습니다. '여기까지가 내가 커리어에서 경험할 수 있는 변곡점의 끝이겠구나' 싶었죠. 그런데 요즘 경험하는 새로운 AI의 물결을 보면서, 그때 알파고 시절에 느꼈던 AI와는 질적으로 전혀 다른, 새로운 변곡점임을 절감하고 있습니다. 그래서 제 커리어 타임라인에 새로운 변곡점을 추가하고 색깔도 다르게 표현해보았습니다.

왜 지금의 AI가 이전의 변곡점들과는 비교할 수 없을 만큼 큰 임팩트를 주고 있는 걸까요? 앞서 의미 있는 변곡점은 우리에게 좋은 질문을 던진다고 말씀드렸죠. 2016년 알파고와 이세돌 9단의 대국을 보면서 여러분은 어떤 생각을 하셨습니까? "너무 신기하다", "놀랍다", "약간 무섭기도 하다"와 같은 감정들을 느끼셨을 겁니다. 그 대국은 서울에 있는 어느 호텔에서 열렸는데, 당시 구글 직원이었던 저는 현장의 생생함을 똑똑히 기억합니다. 그때 사람들의 진짜 반응은 놀라움 뒤에 여전히 자리한 '안전함'과 '안도감'이었던 것 같습니다.

'이번 생은 괜찮겠지.'
'내 직업은, 우리 회사는 괜찮을 거야.'

더없이 놀라운 기술의 등장이었지만, 그 기술은 마치 먼바다에서 일어나는 신기한 파도처럼 여겨졌고, 육지에 있는 나는 안전하다고 느꼈던 것입니다. 그때의 AI는 우리에게 근본적인 질문을 던지지 못했습니다.

생성형 AI라는 '변곡점'을 마주한 시대

하지만 지금은 어떤가요? 아래 그래프에서 파란색 선은 '삶의 의미$^{meaning\ of\ life}$'에 대한 검색량이고, 노란색은 '일의 의미$^{meaning\ of\ work}$'에 대한 검색량입니다. 사람들은 언제나 삶과 일의 의미에 대해 고민하며 살아왔지만, 생성형 AI가 등장한 이후 이 질문들에 대한 관심이 폭발적으로 증가했습니다. 사람들은 이 새로운 기술을 보면서 지극히 인문학적이고 근본적인 질문을 스스로에게 던지기 시작한 것입니다.

"일의 의미는 무엇인가?"
"내 삶의 의미는 어디에 있는가?"

2006

Digital First   Mobile First

제가 지금의 시대를 새로운, 이전과는 비교하기 어려운 거대한 변곡점이라고 말씀드리는 이유는 이것이 단순한 기술적 진화의 단계를 넘어섰기 때문입니다. 이전의 기술적 변곡점들은 우리에게 깊이 있는 질문을 던지지 못했습니다. 그러나 지금의 AI는 우리에게 매우 근본적이고 인문학적인 질문을 던지고 있습니다. 지금 우리가 인류 역사상 가장 기술적인 시대를 살고 있지만, 동시에 가장 인문학적인 시대

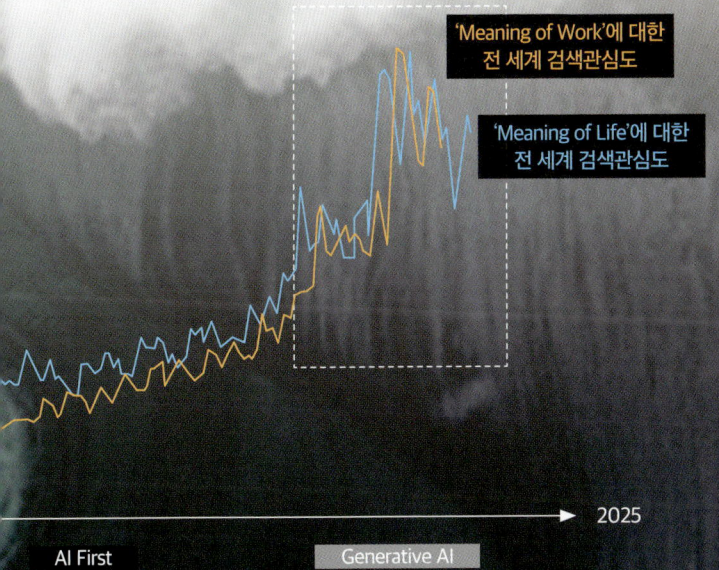

를 살고 있다고 생각합니다. 참으로 역설적이지 않나요? 그리고 바로 이 역설성 때문에 지금 이 시대가 매우 흥미롭다고 느끼는 것입니다.

기술의 발전이 우리의 세계관과 오랫동안 지켜온 가치에 질문을 던지는 사례는 많습니다. 머신러닝Machine Learning과 딥러닝Deep Learning에 대한 관심이 높아지던 2010년대 중반에, 저는 문법 교정 도구 '그래머리Grammarly'를 알게 되었습니다. 제가 쓴 영어 문장에서 자동으로 문법 오류를 찾아내고 더 매끄러운 표현을 제안하는 AI 기술의 '첨삭 지도 능력' 보며 놀랐던 기억이 생생합니다. '만약 대학생 때 이 기술을 사용했다면 영어 에세이를 더 잘 쓸 수 있지 않았을까?'라는 생각도 해보았습니다. 그래머리를 사용해서 원래 실력보다 세련된 영어 에세이를 작성하고 좋은 평가를 받았다면 이것은 공정하다고 할 수 있을까요? 만약 모든 학생이 그래머리를 사용한다면 어떻게 평가하는 것이 공정할까요? 이처럼 기술의 발전은 새로운 논쟁거리를 만들었습니다.

그런데 최근에 벌어지고 있는 AI 스타트업 '클루리Cluely'와 관련된 논쟁은 그래머리를 사용하며 던진 질문과는 차원이 다릅니다. 로이 리[Roy Lee]와 닐 샨무감[Neel Shanmugam]이 공동 설립한 클루리는 회의나 면접 등에서 화면과 오디오를 분석해 실시간으로 필요한 정보를 제공하는 AI 솔루션을 개발했습니다. 오직 사용자에게만 정보가 보이고, 이를 화면 건너편에 있는 상대방은 알지 못합니다. 무려 70억 원의 시드투자를 받았고, 회사에 따르면 연간 반복매출[ARR]은 이미 40억 원을 넘었다고 합니다.

창업자가 직접 클루리를 사용하여 아마존 면접에 합격하는 과정을 공개한 일은 사람들에게 큰 충격을 주었습니다. 현실의 질서에 균열을 냈으니까요. 로이 리는 "몇 초 만에 AI 모델이 업무를 수행할 수 있는데 왜 뭔가를 외우고 코드를 작성하고 연구를 해야 하느냐?"는 의문을 제기했고, 예상대로 논란의 중심에 섰습니다.

아마존은 합격을 취소했지만, 이 사건은 '기존의 채용 절차와 인재 평가 방식이 과연 옳은 것인가?'라는 질문을 던졌습니다. 로이 리는 "기술이 우리를 더 똑똑하게 만들 때마다 세상은 당황한다. 그러다

적응하고, 잊어버리고, 갑자기 그것이 정상화된다"고 말합니다. 너무 과감한 선언이라는 생각이 들기도 합니다. 하지만 AI 기술이 우리가 익숙했던 개념, 윤리, 문화를 재정의하는 속도를 고려하면 제 생각과 믿음이 변하는 속도가 세상의 변화를 따라가지 못하는 것이 아닌지 조바심이 나기도 합니다. '기술은 도구가 아니라 문화다'라는 세계관이 필요한 시기입니다.

변곡점의 시대는 우리에게 좋은 질문을 던집니다. 그렇다면 우리는 그 질문들을 어떻게 마주하고, 그 질문들을 통해 어떻게 우리의 세계관을 확장해나가야 할까요? 이제 그 이야기를 함께 나눠보고자 합니다.

지금까지 경험해보지 못했던 새로운 변곡점의 시대,

여러분은 어떤 질문을 던지시겠습니까?

Special Story +++

변곡점 위의 예술가들
: 물감에서 AI까지, 새로운 세계관의 시대

미술의 역사에도 기술적 혁신이 변곡점이 되어 화가들에게 새로운 질문을 던지고 새로운 시대가 열린 사례가 있습니다.

국립중앙박물관의 기획전은 언제나 설레는 마음으로 기다리게 됩니다. 특히 영국 내셔널 갤러리의 명작들을 서울에서 만날 수 있었던 '거장의 시선, 사람을 향하다' 전시는 유독 깊은 인상을 남겼습니다. 그곳에서 만난 렘브란트의 자화상 앞에서는 시간을 잊은 채 오랫동안 서서 렘브란트와 눈을 마주치며 거장의 숨결을 느꼈고, 그 강렬한 이끌림에 미술관을 다시 찾기도 했습니다. 또 다른 방에서는 영국 화가 토머스 로런스가 1825년에 그린 〈레드 보이 The Red Boy〉가 관람객들의 시선을 독차지하고 있었죠. 수많은 관람객이 그 작품 주위를 에워싸고 있어, 저는 아쉽게도 멀찍이서 그 인기를 실감하며 사진 한 장 남기는 것에 만족해야 했습니다.

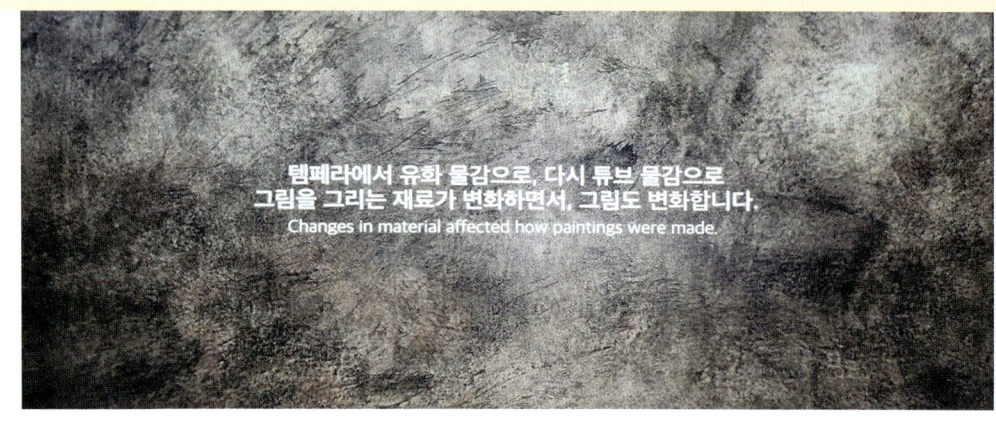

그런데 그날 제 발길을 붙잡고 오랜 사유의 실마리를 던져준 것은 역설적이게도 이런 걸작들이 아니었습니다. 전시장 한편에서 상영되던 짧은 영상, 그 속의 한 문장이었습니다.

"템페라에서 유화 물감으로, 다시 튜브 물감으로.
그림을 그리는 재료가 변화하면서 그림도 변화합니다."

이 간결한 메시지는 저에게 질문을 던졌습니다. 재료의 변화가 예술에 어떤 변화와 혁신을 일으켰을까? 이 질문을 따라, 저는 미술사의 거대한 전환점들을 마주하게 되었습니다.

얀 반에이크, 〈아르놀피니 부부의 초상〉　　　조반니 바티스타 모로니, 〈붉은 옷을 입은 여인〉

　어떤 사람은 유화 물감의 등장을 '아날로그에서 디지털 시대로 전환된 것과 같은 충격'이라고 표현했습니다. 다양한 안료를 달걀노른자에 섞어 써야 했던 템페라 기법이 주를 이루던 시절, 유화 물감의 발명은 그야말로 혁명이었습니다. 화가들은 이전에는 상상하기 어려웠을 정도로 깊이 있는 색채와 섬세한 질감을 표현할 수 있게 되었습니다. 15세기에 활동한 플랑드르 화가 반에이크$^{Van\ Eyck}$의 작품처럼 유화만이 구현할 수 있는 사실적인 묘사와 풍부한 색감은 당대 예술계에 엄청난 파장을 일으켰습니다.

다비드 리카에르트 3세, 〈작업실의 화가들〉

    그러나 이 '아날로그가 디지털이 된 것과 같은' 유화 물감 역시 초기에는 다루기 까다로운 재료였습니다. 화가들은 공방이라 불리는 작업실에서 조수들과 함께 나뭇잎이나 꽃잎을 말리고, 곤충을 채집해 가루를 내고, 그것을 기름과 섞어 물감을 직접 제조해야 했습니다. 이 지난하고 고된 과정을 거쳐 얻을 수 있는 색의 종류는 충분하지 않았고, 화가들은 공방에 묶여 제한된 환경에서 창작 활동을 이어가야 했습니다. 유화는 예술의 가능성을 폭발적으로 확장했지만, 그 창작 과정의 비효율성은 여전히 화가들의 발목을 잡고 있었습니다.

바로 이때, 미술사를 송두리째 바꾼 위대한 '테크'가 등장합니다. 19세기 미국 화가 존 G. 랜드John Goffe Rand가 발명한 페인트 튜브입니다. 오늘날 우리에게는 아주 익숙한 이 작은 발명품이 당시 예술계에 미친 영향은 가히 AI 시대의 도래에 비견될 만합니다.

이전까지 화가들은 돼지 오줌보 같은 것에 물감을 담아 보관했습니다. 상상만 해도 보관의 어려움, 이동의 제약이 느껴지죠? 페인트 튜브는 이 모든 것을 바꾸어놓았습니다. 다양한 색상의 물감을 손쉽게 휴대하며 어디든 떠날 수 있게 된 것입니다. 화가들은 드디어 공방을 벗어나 세상의 빛과 공기 속으로 걸어 나올 수 있게 되었습니다. 이동의 자유, 표현의 자유라는 눈부신 선물을 받은 것이죠.

이 자유가 낳은 결실이 바로 인상주의입니다. 모네의 〈인상, 해돋이Impression, soleil levant〉를 떠올려보십시오. 구글에서 이미지 검색을 하면 수많은, 그러나 미묘하게 다른 '해돋이'들이 나타납니다. 처음 보면 어느 것이 진품인지 헷갈릴 정도지만, 대부분 모네가 그린 작품들입니다. 빛의 흐름에 따라 시시각각 변하는 순간의 인상을 포착하기 위해, 그는 같은 장소에서 시간과 날씨를 달리하며 수없이 붓을 들었습니다. 카미유 피사로^{Camille Pissarro}의 다채로운 파리 풍경 연작들 또한 계절과 날씨에 따라 변화하는 도시의 표정을 생생하게 담아냈습니다. 더 나아가 후기 인상주의의 거장 반 고흐의 강렬한 색채와 역동적인 붓 터치 역시 튜브 물감이 가져다준 표현의 확장이 없었다면 불가

클로드 모네, 〈인상, 해돋이〉

능했을지 모릅니다.

    페인트 튜브는 단순한 발명품을 넘어 '예술 혁명의 촉매제'였습니다. 화가들은 자연스럽게 새로운 질문을 던졌고, 이는 새로운 세계관과 시대를 여는 계기가 되었습니다.

카미유 피사로, 〈파리의 풍경〉

변곡점의 시대는 우리에게 좋은 질문을 던진다

- **새로운 세계관**

  : 튜브 물감이 선물한 이동의 자유는 화가들에게 미술에 대한 새로운 세계관을 선물했고, 이를 통해 '인상주의'라는 새로운 예술 사조가 탄생했습니다.

- **역량에 대한 재정의**

  : 시시각각 변하는 빛을 빠르게 포착하는 능력, 다양한 튜브 물감을 효과적으로 활용하는 기법 등 새로운 기술과 감각이 화가들에게 요구되었습니다.

- **새로운 윤리적 질문**

  : 자연안료뿐 아니라 인체에 유해할 수 있는 화학안료가 사용되면서, 화가의 건강과 안전에 대한 윤리적 고민이 시작되었습니다.

19세기 예술을 뒤흔든 페인트 튜브는 오늘날 우리 시대의 AI와 놀랍도록 닮아 있습니다. AI는 페인트 튜브가 과거에 일으켰던 변화들을 고스란히, 아니 그 이상의 규모와 속도로 사회 전반에 만들어내고 있습니다.

그렇다면 이 거대한 변곡점에서 어떤 질문을 던지고, 무엇을 재정의 해야 할까요? 과거의 방식에 안주할 것인가? 아니면 페인트 튜브를 손에 쥔 인상파 화가들처럼 미지의 세계로 과감히 나아가 새로운 가치를 창조할 것인가? 선택은 우리에게 달려 있습니다. 템페라에서 유화로, 다시 튜브 물감으로 이어진 테크(재료)의 혁신이 예술가들에게 새로운 시각과 질문을 던지며 미술의 새 시대를 열었듯, AI는 우리에게 기존의 방식과 세계관을 재정의하고 이전과는 전혀 다른 새로운 시대를 상상하고 준비할 것을 요구하고 있습니다. 중요한 것은 기술 그 자체가 아니라, 그 기술 앞에서 우리가 어떤 질문을 던지고 어떤 미래를 그려나갈 것인가 하는 점입니다.

두 번째 수업

●●○○○ —— 홍수가 나면 ——

───────────── 마실 물이 귀하다

기술을 통해 재정의되는 문제 해결 방식

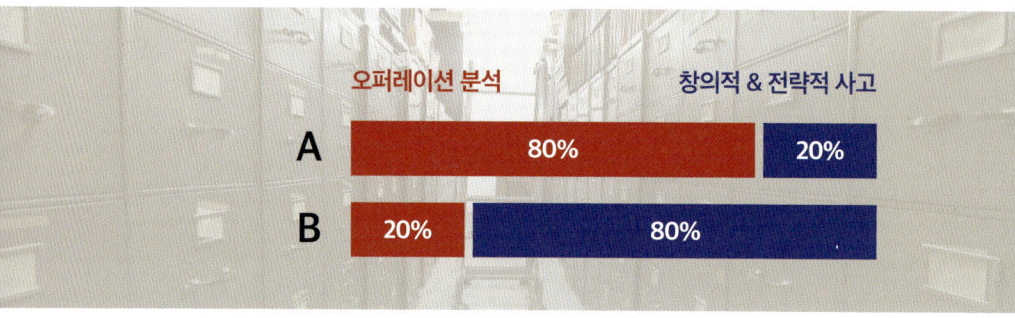

두 회사가 있습니다. A회사의 직원들은 자신들의 시간과 자원의 80%를 반복적인 운영(오퍼레이션)과 분석 작업에 쏟고, 창의적 사고나 분석 결과를 적용하는 데에는 20%의 시간만을 사용합니다. 반면 B회사는 정확히 그 반대의 시간 배분을 보여줍니다.

만약 여러분이 A회사와 B회사 중 하나를 경영해야 한다면 어떤 선택을 하시겠습니까? 당연히 B회사가 훨씬 더 생산적이고 미래지향적으로 보일 겁니다. 그리고 대부분의 경영자는 B회사와 같은 조직을 꿈꿉니다.

많은 기업들이 A와 같은 현실에서 벗어나 B처럼 되기 위해 다양한 노력을 기울입니다. 직원들의 업무 숙련도를 높여 운영 효율을 꾀하기도 하고, 양질의 교육 프로그램을 통해 개개인의 역량 강화를 시도하기도 합니다. 하지만 시대가 변했습니다. 특히 AI라는 강력한 기술은 이전과는 비교할 수 없을 만큼 구조적이고 효과적으로 우리의 시간과 자원을 재배분할 수 있는 가능성을 열어주었습니다. 문제는 이 기술이 주는 기회를 활용할 사회적 모델이나 조직 문화가 아직 부족하다는 점입니다. 기술은 저만치 앞서가는데, 우리는 여전히 과거의 방식에 머물러 있는 것은 아닐까요?

이제는 80% 대 20%의 비유도 예전 이야기가 되고 있습니다. 골드만삭스 CEO 데이비드 솔로몬$^{David\ Solomon}$은 최근 "6명의 팀이 몇 주 걸렸던 S1 IPO 투자설명서 95% 수준의 초안을 AI는 몇 분 안에 작성할 수 있다. 이제는 그 마지막 5%가 중요하다. 그 나머지는 이제 상품^{commodity}이기 때문이다"라고 했습니다. AI 시대에는 시간과 자원을 쓰는 방식을 95% 대 5%로 트랜스포메이션하는 것이 뉴노멀이 되고 있습니다. AI 기술의 발전 속도를 감안하면 앞으로 95%는 더 커지고

5%는 더 작아질 가능성이 높습니다. 사람의 진짜 실력을 보여줄 공간이 줄어들고 있는 것처럼 보이지만, 5% 안에서 차이를 만든다면 엄청난 부가가치와 효율성이 창출될 수도 있습니다.

AI 기술 초기 시절, 머신러닝이 화두였던 2010년대 후반에도 이미 AI는 시간과 자원을 배분하는 방식과 일의 의미를 재정의하고 있었습니다.

AI 시대는 우리에게 익숙했던 '일'이라는 개념에 근본적인 질문을 던집니다. 반복적인 노동의 굴레에서 벗어나 인간 고유의 창의성과 전략적 사고가 빛을 발하는 시대, AI는 과연 우리를 어떤 미래로 이끌고 있을까요? 그 해답의 실마리를 네덜란드의 한 낙농업 혁신 기업, '커넥테라^{Connecterra}'가 개발한 AI 솔루션인 IDA$^{Intelligent\ Dairy\ Farmer's\ Assistant}$에서 찾아볼 수 있습니다. IDA는 낙농업에 기술을 더해 효율성과 생산성을 높이는 차원이 아닙니다. AI가 어떻게 오퍼레이션을 획기적으로 줄이고, 절약된 자원과 시간을 활용해 인간이 더 부가가치 있는 활동에 집중하게 하는지, 일의 목적과 의미는 어떤 것인지 생생하게 보여주는 사례입니다.

넓은 평지에 수많은 젖소가 생활하고 있습니다. 우유 생산량을 늘리기 위해 가장 중요한 것은 소들의 건강 상태입니다. 농부는 수많은 소의 건강을 확인하려고 아침부터 바쁘게 하루를 시작할 겁니다. 오랜 시간을 투자해 모든 소의 건강 상태를 확인했고, 다행히 소들은 건강했습니다. 이것은 농부에게 어떤 의미일까요? 아픈 소가 없으니 다행이라는 안도감과 함께 많은 우유 생산량을 기대할 수 있을 겁니다.

하지만 다른 관점으로 해석하면 그날 농부는 하지 않아도 될 일을 너무 열심히 한 것이죠. 그날 농부가 소들의 건강 상태를 확인하는 노동을 하지 않았다고 해도 농장의 소들은 아프지 않았을 테니까요. 즉 그날 농부가 성실하게 소의 건강 상태를 확인하는 과정과 소의 건강 상태는 인과관계도 상관관계도 부족합니다. 하지만 농부에게는 대안이 없습니다. 많은 시간과 자원을 투자해 소의 건강 상태를 확인하는 오퍼레이션이 없으면 아픈 소를 찾아내거나 빠르게 조치할 방법도 없기 때문이죠. 그렇게 고된 노동은 매일 반복될 겁니다.

IDA는 낙농업이 시간과 자원을 쓰는 방법을 완전히 바꾸어놓았습니다. 소의 목에 부착된 센서는 실시간으로 소의 건강 상태에 대한 데이터를 AI에게 전송합니다. 소가 풀을 씹는지, 편히 누워 쉬는지 데이터를 통해 확인할 수 있습니다. 나아가 AI는 소의 움직임에 대한 데이터를 기반으로 소의 건강 상태를 진단할 수 있습니다. 만약 건강에 이상이 있는 소가 발견되면 진단 결과는 즉시 농부에게 전달됩니다. 그리고 농부는 소가 건강을 회복할 수 있도록 빠른 조치를 취하게 되죠.

AI 기술이 없었을 때는 결코 피할 수 없었던 수많은 오퍼레이션은 이제 '부가가치가 높은 곳에 투자할 수 있는' 자원이 되었습니다. 노동의 양이 아닌 결정의 질이 농장의 미래를 좌우하는 시대로의 전환을 의미합니다. 이제 농부는 농장 전체의 구조적인 문제, 우유 시장의 변화, 새로운 비즈니스 모델 등 창의적이고 전략적인 사고를 하는 데 더 많은 시간을 보낼 수 있습니다.

이러한 변화는 비단 낙농업에만 국한된 이야기가 아닙니다. AI는 NASA 과학자들이 우주망원경의 방대한 데이터 속에서 새로운 행성을 찾아내도록 돕고, 아마존의 광활한 밀림에서 불법 벌목의 미세한 소리를 감지하여 환경을 보호하는 데도 결정적인 역할을 합니다. 분야는 달라도 본질은 같습니다. 복잡한 데이터 분석과 패턴 인식을 통해 인간의 인지적, 물리적 운영 부담을 덜어주고, 그 자리에 인간이 더 큰 가치를 창출할 수 있는 활동을 채워 넣는 것이죠.

네덜란드 한 농장에서 벌어지고 있는 일은 오늘날 우리 모두가 각자의 일터에서 마주하고 있는 변화를 상징적으로 보여주는 것일지도 모릅니다. 과거에는 필수적이라고 생각했던 수많은 업무와 과정들이, 이제는 AI 등장 앞에서 그 일이 왜 필요한지 스스로 증명해야 하는 시대가 된 것이죠. 결국 IDA와 같은 AI 시스템의 등장은 AI가 우리의 일자리를 빼앗을 것이라는 막연한 불안감을 넘어, 인간과 기술이 어떻게 아름다운 협업을 통해 일의 의미를 재창조할 수 있는지 보여줍니다. AI가 반복적이고 일상적인 운영 업무를 자동화하고 최적화하는 동안, 인간은 비로소 창의적이고 전략적이며 공감과 통찰이 필요한 고차원적인 부가가치 활동에 온전히 집중할 수 있는 시대를 맞이하고 있는 것입니다.

〈뉴욕타임스New York Times〉 본사 지하에는 수많은 캐비닛으로 가득 찬 자료실이 있다고 합니다. 그 속에는 오랜 세월 동안 〈뉴욕타임스〉 기자들이 수집하고 보관해온 방대한 양의 보도자료와 사진들이 잠들어 있습니다. 과거의 기자들은 새로운 기사를 작성하다 자료가 필요하면 이 지하로 내려가 먼지 쌓인 수많은 캐비닛을 뒤져야 했습니다. 언제 끝날지 모르는, 지난한 시간과의 싸움이었을 겁니다.

그러나 〈뉴욕타임스〉는 AI 기술을 활용해 이 거대한 아카이브에 새 생명을 불어넣었습니다. 지하에 묻혀 있던 수많은 자료와 사진뿐 아니라 사진 뒷면에 빼곡히 적힌 기자들의 메모, 날짜, 관련 기사 제목 등 그 자료가 품고 있는 고유한 역사와 맥락까지 AI가 읽어내어 거대한 디지털 데이터베이스로 구축한 것입니다. 이제 〈뉴욕타임스〉 기

자들은 더 이상 어두컴컴한 지하 자료실을 헤맬 필요가 없습니다. 자신의 자리에서 필요한 키워드를 입력하면 AI는 순식간에 관련 자료를 찾아 제시하고, 심지어 맥락적으로 연결된 다른 자료들까지 추천해줍니다.

기자의 본질적인 역할은 무엇일까요? 당연히 심층적인 취재와 날카로운 기사 작성일 겁니다. 자료를 찾는 행위는 그 자체로 가치를 창출하기보다는 본질적인 업무를 위한 지난한 오퍼레이션에 가깝습니다. 〈뉴욕타임스〉의 사례는 데이터와 AI를 통해 이러한 반복적인 오퍼레이션을 최적화하고, 그로 인해 확보된 시간을 인간만이 할 수 있는, 더 높은 부가가치를 창출하는 본질적인 업무에 집중하며 활용할 수 있음을 보여주는 것입니다. 이는 시간과 자원을 최적으로 사용하는 것이 더 이상 개인의 노력이나 숙련도에만 기대는 것이 아니라, 누구에게나 구조적으로 가능한 시대가 되었음을 의미합니다.

창의력의 확장과 프로세스의 민주화

홍수가 나면 마실 물이 귀하다

앞쪽의 그림은 세계적인 식품회사 '네슬레'의 광고 영상의 한 장면으로, AI 기술인 DALL-E2의 '아웃페인팅Outpainting'이라는 기술을 활용해 창조되었습니다. 원작에 등장하는 여인이 우유를 따르는 순간을, 집안일을 하는 다른 동료들뿐 아니라 마을 사람들, 심지어 당대의 귀족들까지 숨죽여 지켜보는 장면으로 확장시킨 것입니다. 네슬레는 우리가 일상적으로 마시는 한 잔의 우유가 실은 경이롭고 의미 있는 경험이라는 메시지를 전하고 싶었는지도 모르겠습니다.

이 AI 생성 그림의 제작 과정을 담은 핵심 영상은 '네슬레 라레티에르Nestle La Laitiere' 유튜브 페이지에 간단히 게시되었습니다. 미디어 예산이 전혀 없었음에도 이 콘텐츠는 빠르게 국내외적으로 상당한 관심을 얻었습니다. 영상은 1,500만 명에게 도달했고, 70만 유로의 미디어 가치를 창출했습니다.

그런데 문득 이런 생각이 들었습니다. 과연 인간이 이토록 자연스럽게 요하네스 페르메이르Johannes Vermeer의 화풍을 흉내 내면서 원작의 세계관을 확장하는 그림을 그릴 수 있을까? 가능할 수도 있겠지만 그 과정은 상상조차 하기 어려울 만큼 길고 고된 작업일 겁니다. 이처럼 AI는 때로 인간의 물리적, 기술적 한계를 뛰어넘는 창조성을 보여주기도 합니다.

이런 사례를 접하면 많은 분들이 "그럼 앞으로 디자이너나 예술가들은 어떻게 되는 거지?"라는 불안감을 느끼실 수도 있습니다. 하지만 저는 이 장면을 보면서 다른 가능성을 먼저 떠올렸습니다.

'드디어 창의력이 이전보다 훨씬 더 빠른 속도로 확장될 수 있겠구나. 그리고 그 창조를 위한 기술과 도구가 훨씬 더 많은 사람에게 접근성을 제공하는 민주화가 시작되겠구나.'

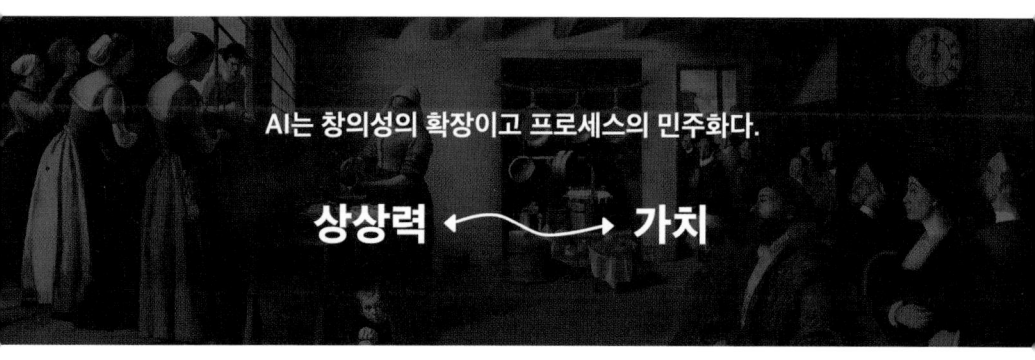

과거에는 아무리 기발한 상상력과 창의력을 지녔다 한들, 그것을 실제 결과물로 구현해내기까지의 과정이 너무나 멀고 힘난했습니다. '이걸 어떻게 그려? 저걸 어떻게 만들어?'라는 현실적인 장벽 앞에서, 빛나는 아이디어들은 종종 시작도 못 하고 사그라들곤 했죠. 하지만 이제 AI는 상상과 결과물 사이의 거리를 극적으로 단축시키고 있습니다. 저에게 AI는 단순한 기술적 진화를 넘어, 마치 '상상력과 가치 사이의 유통 구조를 혁신한 플랫폼'처럼 느껴집니다. 상상력이 가치로 이어지는 속도가 빨라진 시대, 무엇이 중요해질까요? 당연히 상상력과 창의력의 가치가 더욱 높아질 것입니다. 상상력과 창의력을 발휘하면 가치로 이어지는 속도가 빨라졌으니까요. 그리고 유통 구조를 혁신한 기업들이 엄청난 부가가치를 창출했듯이, AI 역시 이 새로운 '상상력 유통 시장'에서 핵심적인 역할을 하며 그 가치를 증명해낼 것입니다.

한때 '엔지니어 몸값이 금값'이라는 말이 유행처럼 번지던 시절이 있었습니다. 코딩 능력이 중요해지고, 뛰어난 엔지니어에 대한 수요가 폭증했죠. 이러한 시대적 흐름 속에서 인문학을 전공한 제 모교 후

배들은 때로 깊은 위축감을 느끼기도 했습니다. "문과를 선택했는데, 갑자기 빅데이터 시대가 와서 데이터 분석 능력이 필수가 되고, 코딩이 중요한 역량이 되어 학원까지 다니면서 배우고 있는데, 이제 AI라니…… 기술 발전 속도를 따라가기가 너무 벅차요"라며 막막함을 토로하는 후배들도 있었습니다. 엔지니어의 영역으로 여겨졌던 기술의 장벽 앞에서 좌절감을 느끼는 것은 어쩌면 당연한 반응일 겁니다.

하지만 저는 지금의 시대를 정반대의 시각으로 바라봅니다. 역설적이게도 바로 지금이야말로 모든 사람에게, 특히 다양한 배경과 관점을 가진 이들에게 더 큰 기회가 활짝 열리는 시대라고 말입니다. 바로 창조와 구현의 프로세스가 '민주화'되었기 때문입니다.

과거의 엔지니어는 어떤 역할을 했을까요? 우리는 컴퓨터라는 강력한 도구를 활용해 생산성을 높이고 문제를 해결하고자 합니다. 그런데 컴퓨터는 자신이 알아들을 수 있는 언어, 즉 코딩으로 명령을 내려야만 움직입니다. 엔지니어는 바로 인간의 언어와 컴퓨터의 언어 사이를 능숙하게 통역하는, 소수에게만 허락된 특별한 기술을 보유한 존재였습니다. 그런데 요즘 우리는 AI와 어떻게 소통하나요? 더 이상 복잡한 코딩 언어에 얽매이지 않습니다. 우리가 일상적으로 사용하는 '자연어'로 AI와 대화하고 원하는 바를 지시합니다. 우리의 말 한마디가 거대한 클라우드 컴퓨팅 파워를 기반으로 한 최신의 AI 기술을 자유자재로 움직이게 하는 것입니다. 이것이야말로 진정한 의미의 '프로세스 민주화'가 아니고 무엇이겠습니까?

'통역'보다는 '통역의 이유'가 중요해지고 있습니다. 미국고용통계국[BLS]의 인구조사 자료에 따르면, 이전까지 꾸준히 증가하던 컴퓨터 개발자 고용은 2023년부터 2025년까지 2년간 27.5%나 급감하며 1980년 이래 가장 낮은 수준으로 떨어졌다고 합니다. 국내 상황도 크게 다르지 않습니다. 채용 플랫폼 진학사 캐치가 국내 정보기술[IT] 개발 직무 신규 채용 공고 수를 분석한 결과, 2023년부터 올해까지 채용 공고는 계속해서 줄어들고 있습니다.

그렇기에 저는 오히려 더 많은 사람들에게, 특히 과거 기술적 장벽 앞에서 좌절감을 맛보았던 인문학적 소양을 갖춘 이들에게 감히 이렇게 말씀드리고 싶습니다. "드디어 여러분의 시대가 왔습니다!"

 이제 중요한 것은 코딩 능력 그 자체가 아니라, 무엇을 만들고 싶은지에 대한 명확한 비전, 어떤 질문을 던질 것인가에 대한 깊이 있는 통찰, 그리고 세상을 바라보는 다채로운 관점입니다. 기술은 이제 소수의 전유물이 아닌, 우리의 생각을 현실로 구현해주는 강력하고도 친절한 조력자가 되었기 때문입니다.

앞서 지금이 가장 기술적인 동시에 가장 인문학적인 시대라고 이야기했습니다. 마치 르네상스 시대로 회귀한 듯, 인간의 창의력, 인문학적 통찰, 그리고 세상을 바라보는 다층적인 관점의 중요성이 그 어느 때보다 강조되고 있는 것입니다. 실제로 실리콘밸리에서는 엔지니어가 직접 코드를 짜는 대신, 말로 아이디어를 설명하면 AI가 코드를 구현해주는 '바이브 코딩$^{\text{Vibe Coding}}$'이라는 새로운 방식까지 유행하고 있습니다. 중간 단계의 복잡한 프로세스가 AI를 통해 극적으로 단순화되면서 이제 코딩을 잘 모르는 사람도, 혹은 코딩을 아는 사람이라도 훨씬 더 직관적이고 효율적인 방식으로 자신의 생각을 가치로 구현해낼 수 있게 된 것입니다.

그렇다면 이러한 창조적 혁신의 시대를 살아가는 창작자들은 어떤 생각을 하고 있을까요? 저희 회사 디자이너에게 AI 시대에 대해 물어본 적이 있습니다. 그분들은 다양한 AI 솔루션을 활용하면서 자신들의 시간과 자원의 약 30%를 절약할 수 있게 되었다고 답했습니다. 마치 "머리 좋고 손 빠른 후배가 한 명 생긴 것 같은 기분"이라면서, "AI가 없던 시대로는 절대 돌아가고 싶지 않다"고 했습니다.

왜 돌아가고 싶지 않다고 했을까요? AI가 일자리를 위협할 수 있다는 우려와는 상반된 반응이었습니다. 그 디자이너는 이렇게 말했습니다.

"누끼 따는 작업 아시죠? 이를테면 사진에서 배경과 인물을 분리하는 거요. 디자인할 때 누끼 딴 이미지를 써야 하는데 그게 손이 많이 가고 시간도 꽤 걸리는 작업이거든요. 그런 일로 야근을 하다 보면 '내가 이러려고 디자이너 됐나' 하는 자괴감이 들 때도 있었어요."

하지만 이제는 AI가 손 많이 가고 고된 '누끼 따기'류의 프로세스를 눈 깜짝할 사이에, 그것도 아주 깔끔하게 해냅니다. 그렇게 절약된 시간과 에너지는 어디로 갈까요? 바로 디자이너 본연의 역할, 즉 더 깊이 있는 사용자 경험을 고민하고, 더 창의적인 아이디어를 고민하고, 더 높은 부가가치를 창출하는 '진짜 디자인'에 투입되는 것입니다. 디자이너가 사라지는 것이 아니라, 디자이너의 일과 역할이 재정의되는 거죠.

우리가 어디에 집중하느냐에 따라 AI는 위협이 될 수도, 혹은 강력한 조력자가 될 수도 있습니다. 그렇다면 우리는 이 새로운 현실에 맞춰 일하는 방식, 즉 워킹 모델을 어떻게 진화시켜야 할까요?

기술은 도구가 아니라 문화다

저는 오랫동안 '기술은 도구가 아니라 문화'라고 생각해왔습니다. 문화적 준비를 하지 못한 도구의 활용은 부분 최적화의 결과인 '모듈성'만 짙게 하고, 전체 최적화로 연결되지 못하는 경우가 많았습니다. 하지만 안타깝게도 많은 사람들의 세계관 속에서 기술은 여전히 '새로운 도구' 또는 '신기한 도구'로 치부되곤 합니다. 문제를 푸는 방식 자체가 근본적으로 바뀐 시대에, 우리는 도구적 세계관을 벗어나 문화적 세계관을 바탕으로 일의 의미, 인재의 정의, 요구되는 역량 그리고 일하는 방식을 재정의해야 합니다.

예전에는 흔히 '일 잘하는 사람'이라고 하면 성실하게 일하고, 해박한 지식을 갖추고, 주어진 도구를 능숙하게 다루며, 정답을 빠르게 찾아내고, 실행력이 뛰어난 사람을 떠올렸습니다. 물론 지금도 이러

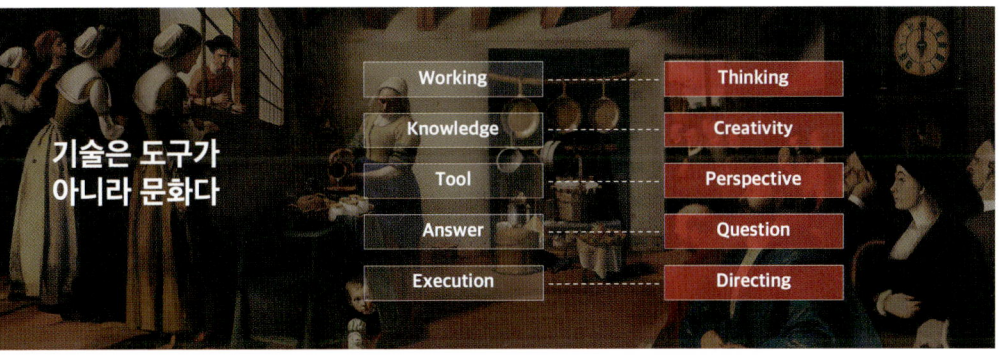

기술은 도구가 아니라 문화다

한 역량은 중요합니다. 하지만 AI라는 변곡점을 맞이한 지금, '일'의 의미 자체가 재정의되고 있습니다. 이제는 '생각하는 것'이 가장 중요한 일이 되었고, '창의력'이 새로운 형태의 지식이 되었습니다. 도구를 잘 다루는 능력보다는 그 도구를 어떤 관점^{Perspective}으로 활용할 것인지가 더 중요해졌고, 정답을 찾는 능력보다는 문제를 명확히 정의하고^{Define} 좋은 질문을 던지는 능력이 핵심 역량으로 떠올랐습니다. 실행은 AI가 상당 부분 보조해주니, 우리는 그 실행 과정을 현명하게 지휘하는^{Directing} 역할을 맡게 된 것입니다. 행동주의 심리학자 스키너$^{B.\ F.\ Skinner}$의 말이 더더욱 와닿는 요즈음입니다.

> "문제는 기계가 생각할 수 있느냐가 아니라, 인간이 생각하고 있느냐이다.
> The real problem is not whether machines think but whether men do."

저희 회사 디자이너가 AI를 '똘똘한 후배'에 비유했죠. 회사로 치면 주니어 혹은 신입사원 같은 존재입니다. 그렇다면 앞으로 신입사원이나 주니어는 필요 없을까요? 저는 그렇게 생각하지 않습니다. 미래에도 그들은 존재할 것입니다. 다만 그들에게 기대되는 역량이 근본적으로 달라질 뿐입니다.

과거에 조직의 신입이나 주니어는 주로 실행 중심의 역량을 키우기 위해 노력했습니다. 하지만 이제는 어떨까요? 처음부터 '리더 같은 세계관을 갖춘 신입사원'이 되어야 하는 시대가 왔습니다. 과거에는 임원급이나 시니어들이 주로 담당했던 문제 정의, 방향 설정, 구조 설계와 같은 역할을 이제는 커리어를 시작하는 단계에서부터 할 수 있어야 합니다. 주어진 문제를 빨리 푸는 훈련보다, 어떤 문제가 정말 중요한 문제인지 정의하고 그 문제를 해결하기 위한 큰 그림을 그리는 역량이 훨씬 더 중요해진 것이죠. 어쩌면 우리가 인재를 선발하고 육성하는 방식, 그리고 개인이 지향해야 할 성장 모델에 대한 세계관 자체에 커다란 전환이 필요한 시점입니다. 제가 일하는 회사 역시 전통적인 조직 체계로 일하는 디자이너 조직을 '팀장-팀원'이 아닌 모두가 개별적인 1인 리더인 '비주얼 디렉터 Visual Director' 체제로 전환했습니다. 신입 디자이너도 이제 '디렉터'의 세계관과 역량으로 일해야 하는 시대를 살고 있습니다.

이러한 지점에서 AI를 단순한 도구가 아닌 '문화'의 관점으로 접근해야 한다는 것이 더 명확해집니다. 여기서 문화란 인재와 역량에 대한 정의, 워킹 모델, 기업 문화, 소통 방식 등 가치를 창출하기 위한 모든 과정과 요소를 포괄하는 개념입니다. AI 시대를 문화적 관점의 세계관으로 바라보느냐, 아니면 여전히 도구적 관점에 머무르느냐에 따라 AI 시대가 가져다줄 혜택은 크게 달라질 것입니다.

우리는 빅데이터 시대, 클라우드 시대 등 디지털 트랜스포메이션의 여정에서 기술을 문화가 아닌 도구로만 바라봤을 때 어떤 결과가 초래되는지에 대해서 이미 비슷한 시행착오를 여러 번 경험했습니다.

요즘 대부분의 기업과 개인이 클라우드 서비스를 사용하고 계실 겁니다. 그런데 제가 우스갯소리처럼 하는 말이 있습니다. "많은 기업들이 클라우드라고 말하고 외장하드로 쓴다." 클라우드의 핵심 가치는 무엇일까요? 데이터를 클라우드에 올림으로써 시공간의 제약 없이 정보를 공유하고 협업의 속도를 비약적으로 높이는 데 있습니다. 내 컴퓨터 하드에만 잠자던 정보와 데이터를 클라우드에 올리면 더 많

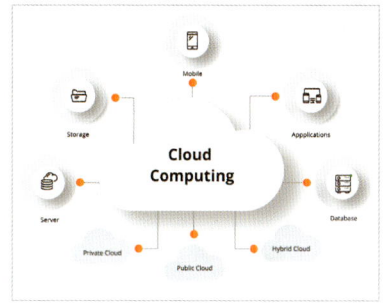
은 사람이 접근할 수 있고, 이를 통해 새로운 부가가치가 창출되는 것입니다.

하지만 도구는 클라우드로 바뀌었는데도 일하는 방식이나 정보 공유에 대한 문화는 여전히 과거의 '외장하드' 시절에 머물러 있다면 어떨까요? 모든 기업이 클라우드를 '쓴다'고 말하지만, 그것이 단순한 데이터 저장 공간 이상의 의미를 갖지 못하는 경우가 비일비재합니다. 제 눈에는 그것이 이전보다 조금 더 편해졌을 뿐인 값비싼 외장하드로만 보입니다. 여러분의 조직에서 클라우드를 사용하는데 여러분의 이메일에 링크가 아닌 첨부파일이 여전히 많다면 아직 도구적인 세계관에 머물러 있다고 볼 수 있습니다. 클라우드를 제대로 활용하기 위해서는 먼저 '공유와 협업의 문화'가 조직 내에 깊숙이 뿌리내려야 할 것입니다.

1964년, 도쿄

도구적 접근의 한계는 비단 클라우드에만 국한되지 않습니다. 시간을 거슬러 1964년 도쿄 올림픽으로 가볼까요? 사진 속 하얀 옷을 입은 사람들은 다름 아닌 육상 경기의 심판진입니다. 결승점 옆에 저렇게 앉아 선수들이 통과하는 모습을 직접 보고 순위를 매기는 거죠. 당시에는 지금과 같은 정교한 계측 기술이 없었기에, 여러 명의 심판이 눈으로 보고 판단하는 '집단지성'이 필요했습니다.

2024년 파리 올림픽 남자 100m 결승에서 0.07초 사이에 무려 6명의 선수가 결승선을 통과했습니다. 만약 1964년 도쿄 올림픽의 심판들이 이 광경을 목격했다면 어떤 생각을 했을까요?

아마 '이제 심판 그만둬야겠다'고 생각하지 않았을까요? 이제는 0.07초 사이에 6명이 지나가도 그 순위를 아주 정확하게 가려낼 수 있습니다. 카메라 기술의 눈부신 발전으로 이제는 1초에 수만 번의 셔터를 누를 수 있게 되었기 때문이죠. 1초에 수만 번! 이것이 여러분에게 어떤 의미로 다가오나요? "와, 사진 기술 정말 대단해졌네! 도구가 엄청나게 발전했구나!"라고 감탄하실 수도 있습니다. 하지만 저의 세계관에서 이 말은 다르게 해석됩니다.

"아, 우리는 이제 1초를 수만 조각으로 나누어 분석할 수 있는, 즉 엄청난 빅데이터 시대를 살고 있구나!"

2024년, 파리

빅데이터 시대가 도래했고, 그 뒤를 이어 디지털 트랜스포메이션^{DX} 시대가, 그리고 마침내 AI 트랜스포메이션^{AX} 시대라고 불리는 시기가 왔습니다. 빅데이터 시대가 열렸을 때 너도나도 빅데이터를 모으기 위해 혈안이었습니다. 하지만 정작 그걸로 '재미를 본' 회사는 구글이나 아마존 같은 일부 플랫폼 기업을 제외하고는 찾아보기 어려웠습니다. 대부분의 기업에서는 활용되지 못한 '데이터 재고'만 하염없이 쌓여갔습니다. 아이러니하게도 이때 돈을 번 사람들은 따로 있

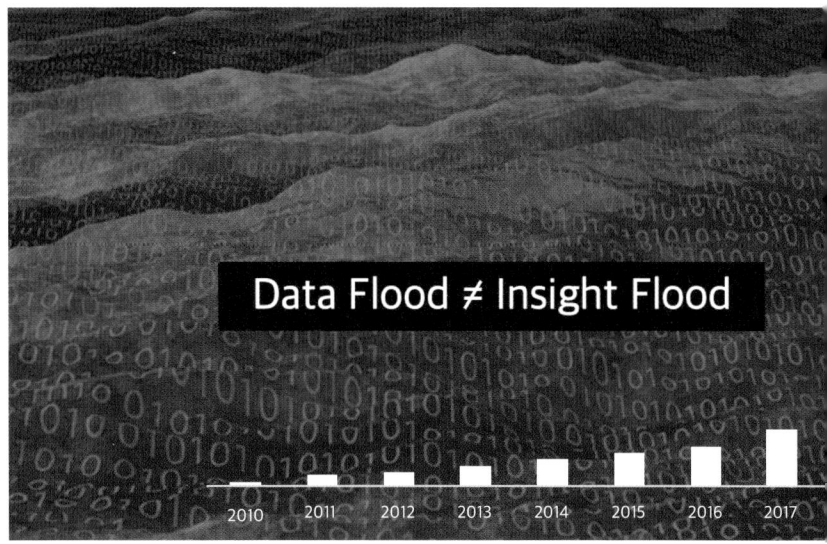

었습니다. 모두가 빅데이터를 모아야 한다고 생각하니, 빅데이터를 모으는 솔루션이나 서버를 파는 회사들이었죠. 그래서 저는 요즘 회사의 최고 재무 책임자^{CFO}들을 만나면 이렇게 말씀드립니다.

"여러분 회사에 쌓여 있는 데이터 재고도 이제는 감가상각하셔야 합니다."

물론 회계적으로 감가상각 대상은 아니겠지만, 그런 마음가짐으로 데이터 자산을 관리해야 한다는 의미입니다.

왜 이렇게 데이터 재고가 넘쳐나게 되었을까요? 저는 이 또한 빅데이터를 '문화'가 아닌 '도구적 관점'으로만 접근했기 때문이라고 생각합니다. 데이터는 기하급수적으로 증가해왔고, 이제는 AI가 데이터를 생산하기 시작하면서 그 속도는 더욱 빨라지고 있습니다. 하지만 우리가 진정으로 원하는 것은 '데이터의 홍수$^{Data\ Flood}$'가 아니라 '인사이트의 홍수$^{Insight\ Flood}$'입니다. 우리가 빅데이터에 열광했던 이유는 데이터가 많아지면 그에 비례해서 더 많은 인사이트를 얻을 수 있을 것이라는 기대 때문이었습니다. 그러나 현실은 그렇지 못했습니다. 어디서부터 어긋났던 걸까요?

2023년 세계지식포럼에 참여해서 들었던 흥미로운 사례를 소개해보겠습니다. 신용카드 회사들의 오랜 골칫거리 중 하나는 바로 해킹 문제입니다. 해커들이 카드 정보를 빼내 부정 사용하는 것을 막는 일이 중대한 과제죠.

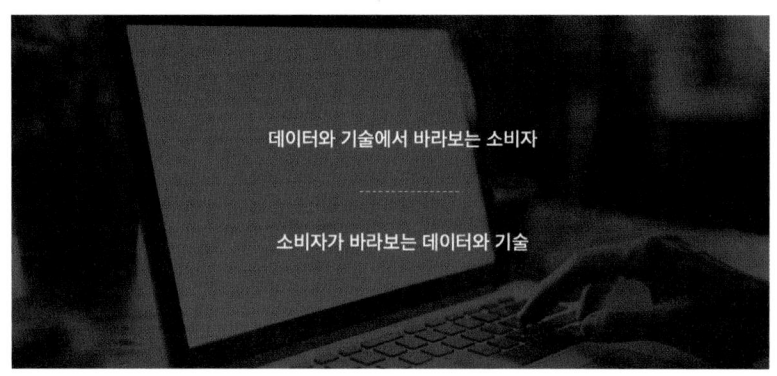

　신용카드 회사들은 고객의 구매 패턴, 결제 정보, 심지어 지역 데이터까지 조합하면 고객의 위치나 페르소나까지 파악할 수 있는, 그야말로 엄청난 빅데이터를 보유하고 있습니다. 그래서 그들은 생각했습니다. '우리에게는 방대한 데이터와 뛰어난 기술, 그리고 훌륭한 분석가들이 있으니, 이 빅데이터를 잘 들여다보면 분명 해커의 움직임이 보일 것이다!' 그래서 최고의 인재들이 달려들어 밤낮으로 데이터를 분석하기 시작했습니다. 하지만 아무리 데이터를 파헤쳐도 해커의 실체는 좀처럼 드러나지 않았고, 해킹을 방지할 뾰족한 해결책도 찾기 어려웠습니다.

고민 끝에 그들은 접근 방식을 완전히 바꾸어보기로 했습니다. 이전에는 '빅데이터를 보면 해커가 보일 것'이라고 생각했지만, 이제는 반대로 '해커는 빅데이터를 어떻게 볼까?'라는 질문을 던진 것입니다. 그래서 실제 신용카드 해커를 만나 심층 인터뷰를 진행했습니다. "해킹할 때 가장 어려운 점이 무엇입니까?" 놀랍게도 해커의 대답은 카드 정보를 빼내는 것이 아니었습니다. 그들이 가장 큰 어려움과 위험을 느끼는 부분은 훔친 카드 정보를 사용해 구매한 물건을 '어디로 배송시켜야 안전하게 수령할 수 있을까?' 하는 문제였습니다.

그래서 다시 물었습니다. "주로 어디로 배송시키십니까?" 해커들은 오랫동안 매물로 나와 있거나 사람이 살지 않는 빈집, 혹은 공사장처럼 물리적인 주소는 존재하지만 실제 사람이 있을 확률이 매우 낮은 곳으로 물건을 보낸 뒤, 사람들의 시선을 피할 수 있는 시간에 물건을 챙긴다고 답했습니다. 그렇다면 이런 부동산 관련 데이터는 누가 가장 많이 가지고 있을까요? 부동산 정보 플랫폼 회사들일 겁니다. 그래서 신용카드 회사는 부동산 회사와 제휴하여 두 데이터를 결합$^{mash-up}$했고, 이를 통해 해킹 방지 시스템을 더욱 고도화시켰다고 합니다.

이 사례는 데이터의 홍수 속에서도 왜 인사이트의 샘을 찾기 어려웠는지 명확하게 보여줍니다. 데이터와 기술의 홍수 시대가 열리자, 사람들은 엄청난 도구들이 생겨났다는 사실에 흥분했습니다. 그리고 그 도구들을 통해 손쉽게 인사이트를 얻을 수 있을 것이라고 기대했습니다.

제가 구글에서 빅데이터를 분석해 인사이트를 도출하는 조직을 맡았을 때, 많은 사람들이 저를 부러워했습니다. "김태원 씨는 정말 좋겠어요. 구글에는 엄청난 데이터와 기술, 그리고 뛰어난 인재들이 있으니 얼마나 많은 인사이트를 얻을 수 있겠어요?" 물론 다른 기업에 비해 유리한 점이 많았던 것은 사실입니다. 하지만 정말 날카롭고 핵심을 찌르는 '진짜 인사이트'는 단순히 데이터와 기술을 결합하는 과정에서 나오지 않았습니다.

진정한 인사이트는 어떤 과정에서 가능했을까요? 바로 인사이트를 '가지고' 데이터와 기술을 바라보았을 때 더 날카로운 인사이트를 얻을 수 있었습니다. 이것이 무슨 의미일까요? 우리가 어떤 분석을

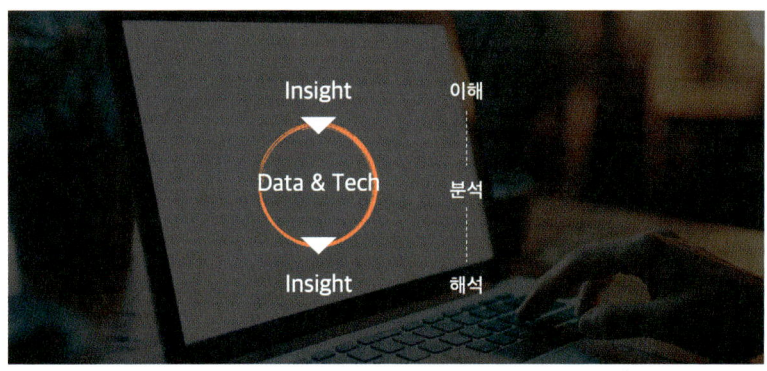

할 때는 대상에 대한 깊은 이해를 바탕으로 문제를 명확하게 정의하는 과정이 선행되어야 합니다. 그리고 그 정의를 바탕으로 데이터를 분석하고 해석해야만 비로소 가치 있는 인사이트가 나올 수 있습니다.

하지만 데이터와 기술의 홍수 시대가 닥치자, 많은 사람들은 문제에 대한 깊이 있는 '이해' 단계를 건너뛰고 곧바로 '분석' 단계로 직행해버렸습니다. 결과는 어떨까요? 당연히 제대로 된 해석이 나올 수 없습니다. 심지어 어떤 경우에는 결론을 미리 정해놓고 그 결론을 합리화할 수 있는 데이터를 역으로 찾아 나서는 일까지 벌어집니다. 데이터가 넘쳐나는 시대이니 자신의 논리를 뒷받침해줄 데이터를 찾는 것은 그리 어려운 일이 아니었죠.

이런 일이 벌어지는 데에는 조직 구조도 한몫을 합니다. 빅데이터가 트렌드가 되자 '빅데이터팀'이라는 이름의 조직이 생겨납니다. 데이터 사이언티스트나 엔지니어들이 방대한 데이터 속에서 인사이트를 찾습니다. 하지만 그럴수록 현장에서 고객을 만나고 시장을 경험하는 조직과의 거리는 멀어집니다. 즉 빅데이터를 효과적으로 활용하기 위해서 현장에서 얻은 인사이트가 '분석' 단계로 잘 전달되지 않고, 현장 영업은 영업의 세계관으로만 일하고 빅데이터팀은 데이터의 세계관으로 일하면서 점차 제대로 된 문제 정의는 사라지고 각자가 그저 자신의 세계관 속에서 예전처럼 열심히 일하게 됩니다. '기술은 도구가 아니라 문화다'라는 세계관을 기반으로 워킹 모델을 구축하지 못한 채, 데이터라는 도구를 잘 다루는 사람을 급히 모아 새로운 조직을 만들었기 때문입니다. 구글에서도 제가 담당한 데이터 분석팀과 고객과의 접점에서 고객의 문제를 가장 잘 이해하고 있는 영업조직이 만나서 협업했을 때 좋은 인사이트를 도출할 수 있었습니다.

이처럼 문제에 대한 깊이 있는 이해와 올바른 문제 정의 문화가 부재한 상태에서 아무리 강력한 데이터와 기술이라는 도구가 주어진들, 사람들은 그저 '도구를 더 잘 써야겠다'는 생각에만 매몰될 뿐입니다. 그렇다면 AI를 통해 우리에게 더 많은 시간이 주어진다면 우리는 그 시간을 어떻게 사용해야 할까요? 당연히 문제를 정의하고 본질을 이해하는 데 더 많은 시간을 투자해야 합니다. 고객을 만나고 소비자의 목소리에 귀 기울이는 데 더 많은 시간을 써야 합니다. 혹시 여러분도 일하시면서 이런 말 해보신 적 없으신가요? "너무 바빠서 고객 만날 시간이 없어." "소비자 조사할 시간이 어디 있어?" 하지만 우리는 늘 "소비자가 왕이다" 혹은 "고객 중심"을 외칩니다. 어쩌면 우리는 빅데이터라는 창을 통해 이미 소비자를 충분히 만났다고 착각하고 있는지도 모릅니다.

이러한 시대에 우리에게 절실히 필요한 자세를 세계적인 종군기자 로버트 카파$^{Robert\ Capa}$의 말을 빌려 말씀드리고 싶습니다. 언론계의 노벨상이라 불리는 퓰리처상을 수상한 그의 사진들은 언제나 역사의 가장 치열한 현장을 담고 있습니다. 그는 실제로 전쟁터에서 지뢰를 밟고 생을 마감했습니다. 그런 그가 남긴 유명한 말이 있습니다.

로버트 카파, 〈어느 공화파 병사의 죽음〉(1936)

"만약 당신의 사진이 마음에 들지 않는다면,
그것은 당신이 그 대상에게 충분히 다가가지 않았기 때문이다."

전쟁터의 참혹함을 안전한 참호 속에서 고성능 카메라의 줌 기능을 이용해 찍을 수도 있을 겁니다. 하지만 그가 말하고자 했던 것은 직접 전쟁터 한복판으로 뛰어들어 그곳의 공포와 긴장, 두려움을 온몸으로 느끼며 찍은 사진과 그렇지 않은 사진은 질적으로 완전히 다를 수밖에 없다는 것이었습니다.

저는 이 메시지가 마치 빅데이터와 AI 시대를 살아가는 우리에게 던지는 준엄한 경고처럼 들립니다. 어쩌면 우리는 지금까지 안전한 참호에 앉아 카메라 줌을 최대한 당겨 세상을 바라보면서, 마치 대상에게 충분히 다가갔다고 착각해온 것은 아닐까요?

이제 우리는 다시금 가장 근본적인 질문으로 돌아가야 합니다. 어떻게 문제를 발견하고 어떻게 문제를 정의할 것인가. 그렇게 정립된 문제의 본질을 이해하는 데 더 많은 시간을 투자한다면, AI와 데이터 그리고 기술은 세상과 시장을 더 깊이 해석하는 데 강력한 조력자가 되어줄 것입니다.

문제 발견과 정의를 위해 필요한 '주인의식'의 가치

결국 우리가 추구해야 하는 것은 '이해-분석-해석'이라는 선순환의 프로세스입니다. 그리고 이 과정에서 가장 중요한 '이해', 즉 무엇이 가치 있는 문제인지 찾아내고 정의하는 능력은 어떻게 길러질 수 있을까요?

진부하게 들릴 수 있겠지만 동시에 가장 본질적인 이야기를 해보려고 합니다. 바로 '주인의식^{Ownership}'입니다. 요즘 이런 이야기를 꺼내면 자칫 구시대적인 발상으로 치부될까 조심스럽지만, 저는 이 주인의식이 AI 시대에 그 어떤 기술보다 강력한 가치를 지닌다고 생각합니다.

구글에서 일할 때 유튜브를 한국에 론칭하던 시기의 경험입니다. 2008년경 당시 청담동에서 가장 핫했던 공간을 통째로 빌려 론칭 파티를 열었습니다. 많은 분들이 파티를 즐기고 돌아가시면서 제게 이런 말씀을 건네셨습니다. "김태원 씨, 그런데 유튜브가 한국에서는 잘

안 될 것 같아요." 당시는 스마트폰도, LTE 통신망도 없던 시절이었습니다. 유튜브에는 한국어 콘텐츠도 거의 없었고요. 그분들의 우려가 어찌 보면 당연했습니다. 한국에 론칭하던 시기에 유튜브의 한국 시장 점유율은 고작 2%였습니다.

저는 구글에서 유튜브 관련 업무를 맡아, 이 미미한 플랫폼을 한국 시장의 중요한 마케팅 플랫폼으로 성장시켜야 하는 중대한 미션을 가지고 있었습니다. 그 막막하고 험난했던 여정 속에서 저는 '주인의식'이 무엇인지, '기업가 정신^{Entrepreneurship}'을 가지고 일한다는 것이 어떤 의미인지를 온몸으로 배웠습니다. 다른 방법이 없었습니다. 그저 '이건 내 사업이다'라고 생각하고 매 순간을 살지 않으면 도저히 그 거대한 장벽을 넘어설 수 없었기 때문입니다.

그래서 저는 누군가를 만날 때, 그 사람을 조금 다른 관점으로 바라보는 저만의 프레임워크를 가지고 있습니다. 가로축은 '업에 대한 태도(직장인 vs. 사업가)', 세로축은 '일의 범위(개인의 일 vs. 회사 전체의 관점)'입니다. 대부분의 사람들은 '개인'의 범위에서 '직장인'의 태도로

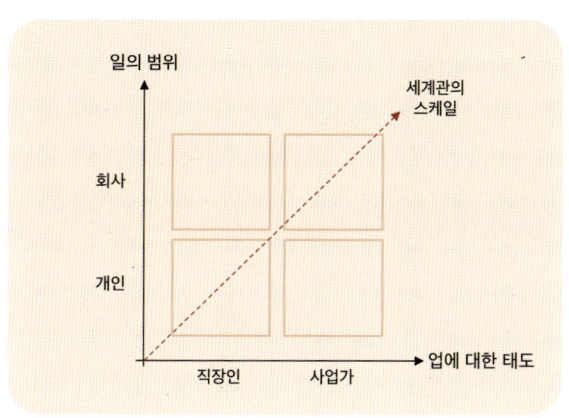

살아갑니다. 하지만 어떤 이들은 직장인이지만 마치 자신의 사업처럼 열정적으로 일하고, 또 어떤 이들은 개인의 업무를 넘어 회사 전체의 관점에서 문제를 바라봅니다. 그리고 극히 소수의 사람들은 개인이자 직장인이지만 마치 회사를 이끄는 사업가처럼 생각하고 행동합니다. 예전에는 그저 "저 사람은 어느 회사 다닐까?", "무슨 일을 할까?" 정도의 관점으로 사람을 봤다면, 이제는 "저 사람은 이 세계관의 어디쯤에 위치한 사람일까?"를 생각해보곤 합니다. 그리고 이 세계관이 넓어지면 넓어질수록 우리는 더 큰 가치를 만들어낼 수 있으며, 그 핵심 동력은 바로 '주인의식'에서 비롯된다고 믿습니다.

작은 빵집에 주인과 아르바이트생이 있다고 가정해봅시다. 갑자기 뉴스에서 A급 태풍이 몰아닥친다는 속보가 나옵니다. 아르바이트생은 무슨 생각을 할까요? '아, 오늘 새 옷 입고 왔는데 비 맞겠네. 집에 어떻게 가지?' 이런 생각이 잘못된 것은 아닙니다. 지극히 자연스러운 반응이죠. 하지만 주인은 어떤 생각을 할까요? '내가 철사를 어디다 뒀더라? 간판 떨어지기 전에 단단히 묶어놔야겠다. 누런 테이프는 또 어디 갔지? 유리창에 ×자로 붙여놔야 조금이라도 깨질 확률이 줄어들 텐데……'

주인의식은 무엇일까요? 저에게 주인의식은 '또 하나의 뇌'와 같습니다. 우리가 흔히 말하는 '인재'란 다른 말로 표현하면 '문제 해결 능력이 뛰어난 사람'입니다. 그리고 문제 해결 능력은 남들이 보지 못하는 문제를 발견하는 예리함과 그 문제를 누구보다 깊이 고민하는 집요함의 조합에서 나옵니다. 그 모든 것은 어디서 시작될까요? 바로 주인의식입니다. 주인의식을 가질 때 비로소 남들이 간과하는 문제가 보이고, 어떤 문제가 정말 중요한 문제인지 정의할 수 있게 됩니다. 그리고 누구보다 깊게 고민하게 되죠. '나의 문제'니까요.

저는 이런 주인의식의 가치를 "왜 교장 선생님은 항상 쓰레기를 줍고 계실까?"라는 질문으로 표현해보고 싶습니다. 학창 시절, 그런 생각 해보신 적 없으신가요? 학교에 수많은 학생과 선생님이 있는데, 왜 유독 교장 선생님 눈에만 쓰레기가 잘 보이고 직접 그것을 줍는 모습이 자주 목격될까? 왜일까요? 그분의 주인의식이 다른 사람과는 차원이 다르기 때문입니다. 우리 눈에는 왜 그 쓰레기가 잘 보이지 않았을까요? 혹은 왜 쓰레기를 보고도 행동하지 않았을까요? 우리는 언젠가 졸업하고 떠날 사람이었으니까요. 즉 주인이라고 생각하니 남들에게는 보이지 않는 문제가 보이고, 그 문제를 깊이 고민하여 직접 행동으로 해결하는 것입니다.

우리는 이미 빅데이터 시대와 클라우드 시대에 값비싼 시행착오를 여러 번 겪었습니다.

이제는 더 이상 같은 실수를 반복해서는 안 됩니다. 그래서 저는 이 장의 제목을 "홍수가 나면 마실 물이 귀하다"라고 지었습니다. 빅데이터라는 홍수가 우리를 덮쳤지만, 정작 우리가 마실 수 있는 의미 있는 인사이트라는 물은 귀했습니다. 클라우드라는 기술의 홍수 속에서도 그것을 제대로 활용하여 '마실 물'을 만들어낸 기업은 드물었습니다.

이제 다시 AI라는 거대한 홍수가 밀려오고 있습니다. 우리에게 필요한 것은 넘쳐나는 기술 그 자체가 아니라, 그 속에서 길어 올릴 수 있는 '마실 물'입니다. 그리고 그러기 위해서는 기술을 단순한 도구가 아닌, 우리의 일하는 방식과 생각하는 틀을 바꾸는 '문화'로 받아들이는 관점의 전환이 무엇보다 중요합니다.

AI라는 거대한 홍수 속에서
우리는 마실 물을 찾아야 합니다.

Special Story +++

마스터카드 Room for Everyone 사례
: 데이터, 국경을 넘다

    만약 우리나라가 200만 명의 피란민과 함께 살아가는 시대를 맞이하게 된다면 어떤 일이 벌어질까요? 2만 명도 결코 적은 수가 아닌데, 자그마치 200만 명의 난민을 인도주의적으로 받아들이고 함께 살아가는 나라가 있습니다. 바로 우크라이나 인접국인 폴란드 이야기입니다.

    누구도 예상하기 어려웠던 러시아-우크라이나 전쟁은 수많은 우크라이나 사람들의 생명을 앗아갔고, 살아남은 사람들은 삶의 터전에서 내쫓겨야 했습니다. 국경을 맞댄 폴란드는 인도주의적으로 가장 많은 피란민을 맞이했지만, 어느덧 그 수는 200만 명을 훌쩍 넘어섰습니다. 시간이 흐를수록 연대의식은 희미해지고, 갑작스러운 대규모 피란민의 유입은 폴란드 사회 시스템 전반에 큰 부담으로 작용하기 시작했습니다. 일자리 경쟁, 사회 서비스 수요 급증, 문화적 차이 등으로 인해 곳곳에서 갈등이 생겼고, 정치인들은 이 갈등을 이용하기도 했습니다.

특히 생계를 꾸려가야 하는 피란민들이 폴란드에서 새로운 사업을 시작하거나 일자리를 찾으면서, 현지 소상공인들과의 경제적 이익 충돌은 더욱 첨예한 문제로 떠올랐습니다. 한정된 시장과 자원을 둘러싼 보이지 않는 경쟁은 폴란드 소상공인들 사이에 불안감과 반감을 증폭시켰고, 피란민을 향했던 따뜻한 시선은 급격히 냉각되었습니다. '함께 살아가야 할 이웃'에서 '나의 생존을 위협하는 경쟁자'로 인식이 변해가는 안타까운 상황이었죠.

바로 이때, 'Doing well by doing good'이라는 믿음을 가진 마스터카드가 나섰습니다. 글로벌 카드 회사 마스터카드는 단순한 금융 기술과 데이터를 넘어 더 나은 사회 통합과 경제 성장을 위한 플랫폼을 구상했죠. 아이디어는 단순하지만 큰 의미가 있었습니다.

"만약 우크라이나 피란민들이 시작하려는 사업과 폴란드 현지 사업이 서로에게 도움이 될 수 있는 '최적의 짝'을 찾아줄 수 있다면 어떨까?"

마스터카드는 익명화된 거래 데이터, 유동 인구, 대기질 정보, 심지어 사업 간의 상호 보완성까지 분석했습니다. 예를 들어 미용실 옆에는 자연스레 네일숍이나 카페가 어울리고, 식당 근처에는 식료품점이 시너지를 낼 수 있겠죠. 이렇게 서로의 성장을 지지할 수 있는 사업들을 연결해, 우크라이나 창업가들을 단순한 경쟁자가 아닌 함께 성장할 수 있는 경제 파트너로 인식시키고자 했습니다.

플랫폼을 설계하기 전, 마스터카드는 문제를 깊이 이해하고 정의하는 것에 집중했습니다. 폴란드 소상공인들과의 심층 인터뷰를 통해 그들이 사업 위치를 선정하는 방식, 어려움, 그리고 무엇보다 우크라이나 창업가들에 대한 솔직한 생각을 들었습니다. 데이터는 냉정했지만, 그 데이터 속에 숨겨진 사람들의 마음을 읽고 이해하는 것이 우선이었죠. 플랫폼을 접하기 전과 후, 우크라이나 창업가들을 바라보는 시선이 어떻게 달라지는지 직접 확인하고 싶었기 때문입니다.

출처 : lovethework.com

    이 과정을 통해 마침내 '모두를 위한 공간Room for Everyone'이라는 이름의 온라인 플랫폼이 론칭되었습니다. 사용법은 간단합니다. 창업자가 자신의 사업 유형과 선호 지역을 입력하면, 플랫폼은 높은 상업적 잠재력을 가진 지역을 식별하고 기존 사업체와 시너지를 낼 수 있는 구체적인 위치를 추천합니다. 플랫폼은 출시 첫 달 만에 12,000명이 사용했고, 신규 창업자 중 최대 40%가 이 플랫폼을 활용했습니다.

이 플랫폼은 우크라이나 피란민에 대한 사회적 시선도 바꾸어놓았습니다. 플랫폼을 사용한 폴란드 사업주 중 55%가 '우크라이나 기업가들의 자국 내 창업이 경제에 긍정적인 영향을 준다'고 답했는데, 이는 플랫폼 사용 전보다 10%나 상승한 수치였습니다. 이 프로젝트를 주도한 마스터카드에 대한 브랜드 선호도도 21%나 급증했습니다.

마스터카드의 사례는 우리가 살고 있는 이 빅데이터 시대에, 데이터의 홍수 속에서 마실 물을 구하기 위해서는 문제와 대상을 제대로 이해하는 과정이 왜 중요한지 생생하게 보여줍니다. 만약 마스터카드가 그저 '폴란드 내 우크라이나 피란민의 수', '지역별 상점 밀도'와 같은 빅데이터의 표면적인 수치에만 매몰되었다면 어땠을까요? 아마도 피상적인 시장 분석 보고서 몇 개를 만들어내는 데 그쳤거나, 오히려 수많은 데이터 속에서 방향을 잃고 비효율적인 자원 분배를 초래했을지도 모릅니다.

데이터 홍수의 시대에 진정으로 중요한 것은 데이터의 양이나 처리 속도가 아니라, 그 데이터를 통해 어떤 가치를 창출할 것인지 문제를 이해하고 정의하는 인간의 능력입니다. 수많은 정보 속에서 길을 잃지 않고 문제의 본질을 꿰뚫어 보는 통찰력, 그리고 그 문제를 해결하고자 하는 진정성 있는 고민과 공감이야말로 빅데이터와 AI를 현명하게 활용하는 첫걸음입니다.

세 번째 수업

●●●○○ ── 모든 경계에는 ──

꽃이 핀다

경계를 넘는 시선과 세계관을 확장하는 질문들

출처 : 내셔널 갤러리 유튜브

도슨트는 그림에 대한 지식과 맥락, 때로는 작가에 대한 비하인드 스토리를 통해 작품을 좀 더 풍성하게 이해할 수 있도록 돕습니다. 지금까지 제가 만난 도슨트들은 미술 작품을 이해하는 저만의 세계를 구축하는 데 매우 큰 기여를 하신 분들입니다. 그런데 제가 가장 좋아하는 작품 중 하나인 〈레이디 제인 그레이의 처형〉을 도슨트가 아닌 다른 영역에 있는 전문가의 시선으로 설명을 들었을 때, 그림을 감상하는 저의 세계는 더욱 깊어졌습니다. 서로 다른 영역이 만나서 그림에 대한 이해의 꽃이 피었던 경험으로 이야기를 시작해보겠습니다.

런던 내셔널 갤러리의 '예기치 않은 시선들Unexpected Views' 시리즈는 전혀 다른 분야의 새로운 관점을 가진 사람의 시선으로 그림을 이해하는 경험을 제공했습니다. 옆쪽의 사진에서 왼편에 서 계신 분은 내셔널 갤러리의 도슨트입니다. 그런데 이분은 그림을 설명하는 것이 아니라 오른편에 서 있는 남녀를 소개하고 있습니다. 이 남녀는 영화감독이자 예술가입니다. 즉 이날은 도슨트를 통해 그림에 대한 설명을 듣는 시간이 아니라, 다른 영역에 있는 전문가는 이 그림을 어떻게 바라보는지 들어보는 시간입니다. 두 인물은 영화, 다큐멘터리, TV

드라마까지, 장르의 경계를 넘나들며 활동하는 감독이자 예술가인 이언 포사이스$^{Iain\ Forsyth}$와 제인 폴라드$^{Jane\ Pollard}$입니다.

저는 〈레이디 제인 그레이의 처형〉을 좋아하기 때문에 다양한 도슨트의 강의를 들어봤습니다. 그런데 이언과 제인이 폴 들라로슈의 명작을 바라보는 관점은 완전히 달랐습니다. 그들은 그림을 정교하게 연출된 한 편의 연극 무대, 혹은 일시 정지된 비디오테이프의 한 프레임처럼 바라보았습니다. 그림을 마치 영상처럼 시퀀스^{Sequence}의 세계관으로 바라보는 거죠. 그림을 정적인 'Picture'의 세계관으로 바라본 저에게 시퀀스는 완전히 다른 세계였습니다.

무릎 아래로 팽팽하게 당겨진 드레스의 주름을 통해서 그녀가 방금 무릎을 꿇었음을 알려줍니다. 그림에는 보이지 않는, 하지만 그림 속 장면이 존재하기 위해 반드시 거쳐야 했던 시퀀스입니다. 그림과 영화감독이라는 낯선 경계가 만나는 자리에서 저는 그림을 이해하는 새로운 세계관을 선물받았습니다. 경계에서 꽃이 핀 것이죠.

이처럼 경계를 넘나드는 관점과 시선, 기존의 틀에 갇히지 않는 창의적인 해석은 익숙한 사물에 대한 이해의 폭을 넓힙니다. 그리고 이러한 통찰은 비단 예술 작품을 감상하는 태도에만 국한되지 않습니다. 우리가 맞이하고 있는 AI 시대는 그 어떤 과거의 기술 혁명보다도 더 복잡하고 다양한 질문을 던지고 있습니다. 철학자 칼 포퍼Karl Popper가 예측가능한 현상으로 비유한 '시계'의 정반대 개념인 '구름', 즉 예측불가능하고 창발적인 특성이 곧 AI의 특성이기 때문입니다. AI를 단순한 기술적 진보나 경제적 효율성의 도구로만 바라보는 단편적인 시각으로는 그 거대한 잠재력과 동시에 내포된 위험, 우리 삶에 미칠 심오한 변화를 온전히 가늠하기 어렵습니다.

이언과 제인의 새로운 시선 덕분에 들라로슈의 그림을 이해하는 세계가 깊어졌듯이, AI 시대를 진정으로 이해하고 미래를 조망하기 위해서는 정해진 답을 찾기보다 열린 마음으로 다양한 질문을 던지며 경계에서 꽃을 피우는 자세가 필요합니다. 인문학자의 통찰, 엔지니어의 기술, 철학자의 성찰, 예술가의 감각 그리고 사람들의 일상적 경험과 상식들이 한데 어우러질 때, 비로소 우리는 AI라는 거울에 비친 우리 자신의 현재와 미래를 입체적으로 조망할 수 있을 것입니다.

'경계에서 꽃이 핀다'는 아름다운 관점이 우리 사회의 중요한 화두로 떠오른 순간들이 있었습니다. 그중 하나는 아마도 스티브 잡스가 "애플은 기술과 인문학의 교차점에 존재합니다"라고 말했던 때가 아닐까 싶습니다. 이 한마디는 큰 반향을 일으키며 우리 사회를 '융합형 인재'라는 키워드로 뜨겁게 달구었습니다. 이성과 감성의 조화를 강조하기 시작했고, 문과와 이과를 가르는 이분법적 사고에 대한 근본적인 의문이 제기되었고 서로 다른 것들이 만나는 그 '경계'에서 새로운 가치와 혁신의 꽃이 피어난다는 인식이 싹텄습니다.

그리고 실제로 우리는 수많은 경계에서 만개하는 꽃들을 목도하고 있습니다. 밤하늘의 경계를 넘어 우주의 심연을 탐험하는 허블 우주망원경의 뒤를 이어, 이제 제임스 웹 우주망원경 James Webb Space Telescope 이 그 장대한 임무를 수행하고 있습니다. 천문학계는 지금 그야말로 축제 분위기입니다. 제임스 웹의 압도적인 성능 덕분에, 이전에는 이론으로만 존재했던 초기 우주의 모습이 비로소 우리 눈앞에 펼쳐지기 시작했으니까요. 우리 아이들은 제임스 웹이 보내오는 경이로운 이미지들을 보며 우주를 이해하고 상상력을 키워갈 것입니다.

그런데 이 제임스 웹 망원경의 복잡하고 정교한 구조를 자세히 들여다보면 마치 한 편의 예술 작품을 보는 듯합니다. 거대한 본체가 로켓 안에 실릴 수 있게 여러 단계로 접혔다가 우주 궤도에 도달하면 펼쳐지도록 설계되었죠. 미국 항공우주국 NASA이 이 세기의 발명품을 설계할 때 그 창의적인 영감은 어디에서 왔을까요? 놀랍게도 그 영감의 원천 중 하나는 바로 '종이접기 예술'이었습니다. 종이 한 장으로 무

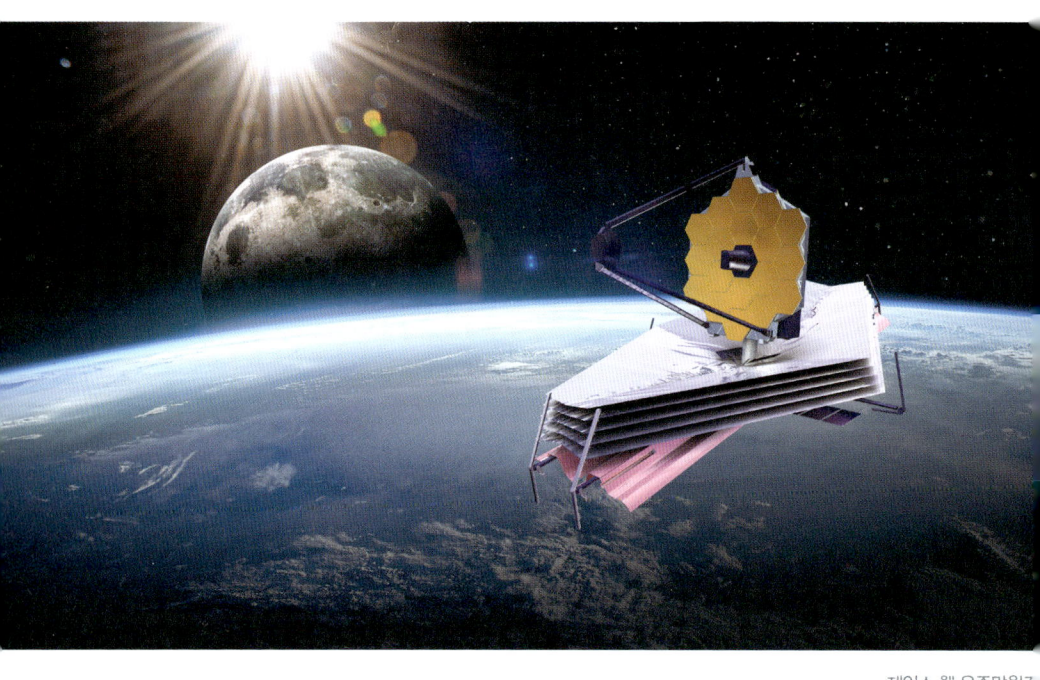

제임스 웹 우주망원경

한한 형태를 창조하는 종이접기의 원리가 최첨단 우주망원경 설계에 영향을 미친 것입니다. NASA는 실제로 세계적인 종이접기 아티스트에게 감사를 표하며 제임스 웹 망원경의 종이접기 설계도를 홈페이지에 공개하기도 했습니다.

NASA의 우주 과학자가 종이접기 예술가와 대화를 나누게 되었다고 상상해봅시다. 우리 사회는 흔히 문과와 이과 사이에도 깊은 대화가 어렵다고 말하는데, 이 두 사람 사이에는 또 얼마나 광활한 간극이 존재할까요? 하지만 이제 시대가 변했습니다. 우리는 그 어색하고 낯선 간극, 그 '경계' 사이에서 기꺼이 서로의 이야기에 귀 기울여야 합니다. 전혀 다른 영역에 있는 사람들과의 예기치 않은 만남과 대화 속에서, 이전에는 상상조차 할 수 없었던 혁신과 창조의 씨앗이 싹틀 수 있기 때문입니다. 과거 우리는 주로 같은 산업 내의 선두 주자를 벤치마킹하는 데 익숙했습니다. 하지만 그런 방식은 우리를 기존의 경계 안에 가둘 뿐입니다. 진정한 도약은 낯선 곳, 낯선 만남, 낯선 아이디어와의 경계에서 시작됩니다.

AI 시대야말로 그 어느 때보다 훨씬 더 많은 경계에서 더욱 다채로운 꽃들이 만발할 수 있는 시대입니다. 아래 그래프에서 노란색은 전 세계 AI에 대한 검색관심도를, 다른 색들은 아침, 점심, 저녁 식사에 대한 검색관심도를 나타냅니다. 우스갯소리처럼 들릴지 모르지만 지

AI가 이렇게 관심받

전 세계 검색관심도

금 우리는 어쩌면 삼시세끼 밥 먹는 일보다 AI에 더 많은 관심을 쏟는 시대를 살고 있는지도 모르겠습니다. 새로운 기술의 수용 속도를 보여주는 아래 그래프를 보면 스마트폰(빨간색)보다 AI(노란색)가 훨씬 더 가파른 속도로 우리 삶에 스며들고 있음을 알 수 있습니다.

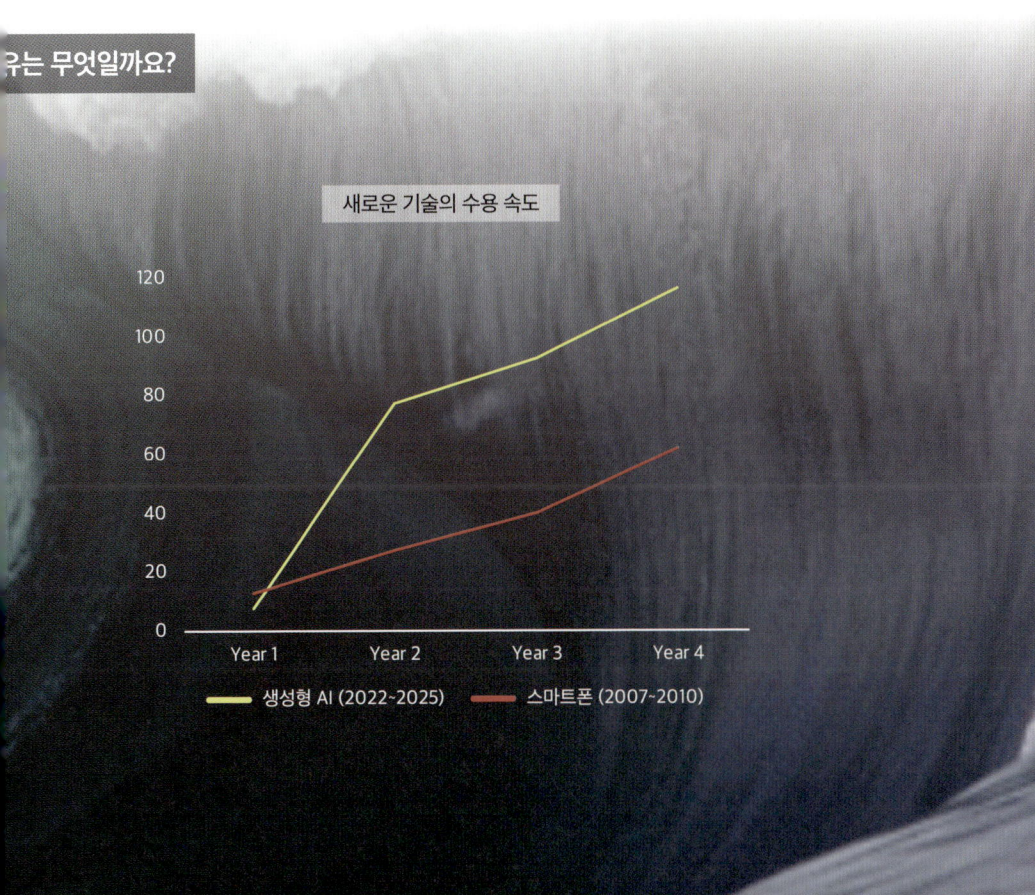

요즘은 어딜 가나 AI 이야기입니다. 왜 우리는 이토록 AI에 열광하는 것일까요? 기술 자체가 이전보다 훨씬 더 발전했기 때문이기도 하겠지만, 저는 그 근본적인 이유를 다른 곳에서 찾습니다. 우리가 역사상 처음으로 거의 모든 산업이 '같은 도구'를 사용하는 시대를 맞이했기 때문입니다. 과거에는 산업별로 사용하는 도구가 달랐습니다. 펜싱 선수와 배구 선수가 상대를 공격하는 기술에 대한 대화를 나누기 어려웠던 것처럼 말입니다.

하지만 지금은 어떻습니까? 교육 산업도 AI, 제조업도 AI, 통신업도 AI, 금융 산업도 AI를 이야기합니다. 거의 모든 영역에서 AI가 활용되면서 이전에는 만날 일 없던 서로 다른 산업군 사이에 공통의 대화 주제가 생긴 것입니다. 이는 곧 우리가 과거의 벤치마킹 대상을 동종 업계로 한정했던 관점에서 벗어나, 전혀 다른 영역의 전문가들과 적극적으로 소통하며 그들의 지혜와 경험을 빌려와 혁신이라는 꽃을 피워야 한다는 의미이기도 합니다.

AI가 다양한 경계에서 어떻게 꽃을 피우고 있는지 몇 가지 예를 살펴볼까요? 제가 개인적으로 가장 좋아하는 구글 서비스 중 하나는 '아트 앤드 컬처Arts & Culture' 입니다.

구글은 전 세계 유수의 박물관, 미술관, 유적지와 협력하여 인류의 방대한 문화유산을 디지털 아카이브로 구축했습니다. 그 안에는 수많은 그림과 유물이 담겨 있습니다. 만약 누군가 여러분에게 그 수많은 작품을 비슷한 것끼리 분류해달라고 한다면, 아마 "너나 하세요!"라고 답하고 싶을 겁니다. 하지만 AI는 이 엄청난 작업을 해냅니다.

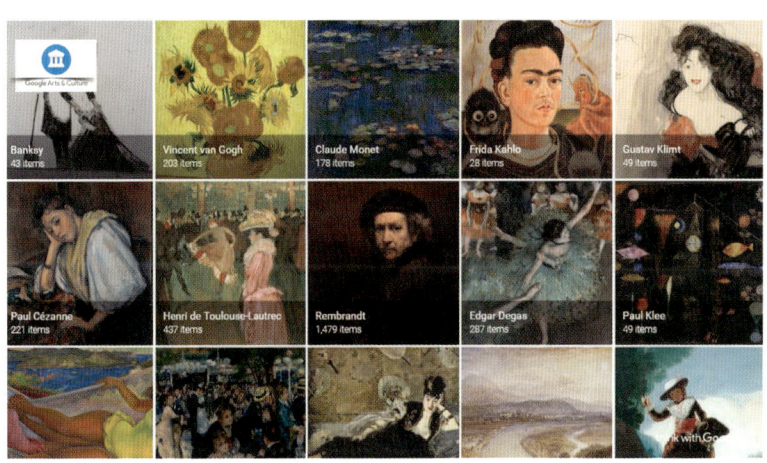

출처 : Google Art & Culture

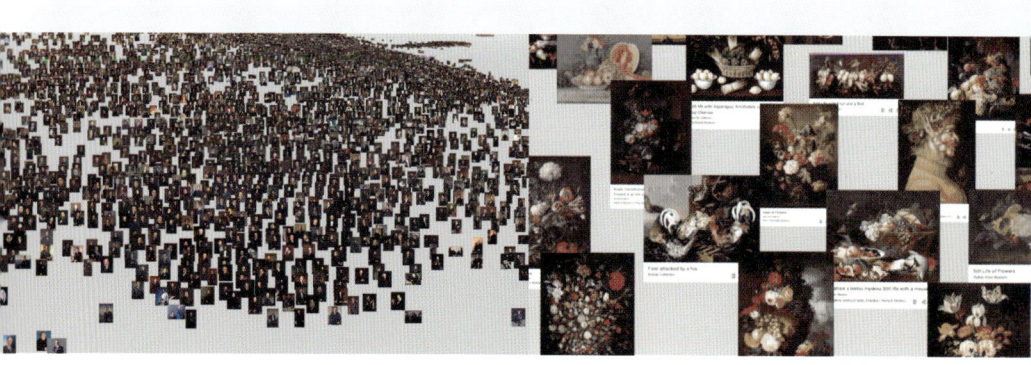

출처 : Google Art & Culture

마치 밤하늘의 성운처럼 보이는 왼쪽 상단의 이미지는 AI가 수많은 예술작품을 분석하여 유사한 특징을 가진 것끼리 묶어놓은 부분 집합에 대한 데이터 시각화입니다. 한 덩어리를 확대하면 초상화만 모아놓은 군집이 나타나고, 그 옆에는 정물화만 모아놓은 또 다른 군집이 펼쳐집니다. 이렇게 AI가 분류한 기준은 수천 가지에 달합니다. 그 중 '블링블링bling bling'이라는 기준으로 묶인 작품들을 클릭해보니, 정말로 반짝이는 물건으로 가득한 그림들이 나타나더군요.

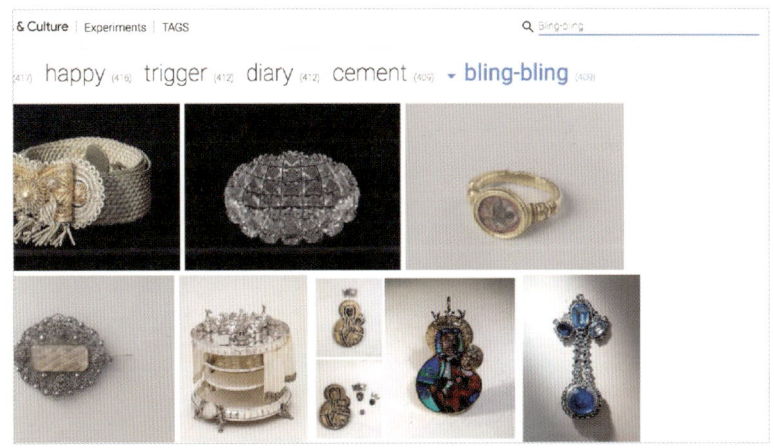

출처 : Google Art & Culture

영화나 드라마를 보다가 "어, 저 배우 내 친구랑 닮았네?" 혹은 "나랑 닮은 것 같은데?"라고 말했던 경험, 한 번쯤은 있으시죠? 그렇다면 수천 년 동안 수많은 화가들이 그린 그 방대한 초상화들 속 어딘가에는 분명 여러분과 닮은 그림이 존재하지 않을까요?

구글 아트 앤드 컬처 앱에서 자신의 얼굴을 셀피로 찍으면, AI는 전 세계 미술 작품 속에서 여러분과 닮은 인물을 찾아줍니다. 어떤가요, 좀 비슷한가요? (제 얼굴로 해봤을 땐 늘 반응이 안 좋아서… 여러분은 꼭 한번 해보시길 바랍니다. 단 결과물에 동물이 나오더라도 너무 상처받지 마세요. AI는 아직 완벽하지 않으니까요!)

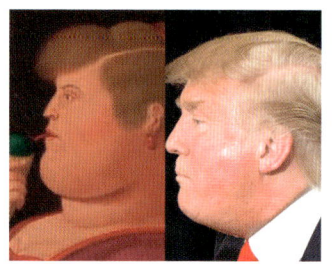

미국 대통령과 닮은꼴

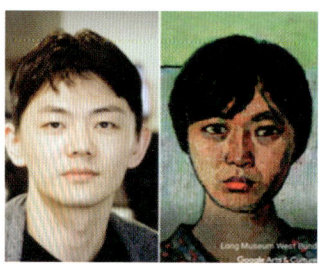

김태원과 닮은꼴

과거 예술의 문제는 주로 예술계 내부에서 해결되어왔습니다. 하지만 이제 예술이 빅데이터, AI와 같은 기술과 만나면서 우리는 전혀 새로운 방식으로 예술을 경험하고 해석할 수 있게 되었습니다. 도슨트가 안내하는 정해진 동선을 따라 그림을 감상하는 대신, AI가 제시하는 수천 가지의 새로운 분류 기준을 통해 나만의 예술 감상 여정을 떠날 수도 있는 것입니다. 예술이라는 오랜 정원에도 기술과의 경계에서 새로운 꽃이 피어나고 있습니다.

출처:노벨상 공식 홈페이지 ⓒ Nobel Prize Outreach

이 인물은 알파고를 개발한 구글 딥마인드의 CEO 데미스 허사비스$^{Demis\ Hassabis}$입니다. 그는 AI 개발자이자 엔지니어입니다. 그런데 이 엔지니어가 2024년에 노벨 화학상을 공동 수상했습니다. 많은 사람들의 머릿속에는 "엔지니어가 어떻게 노벨 화학상을 받을 수 있지?"라는 의문이 가장 먼저 떠오를 겁니다.

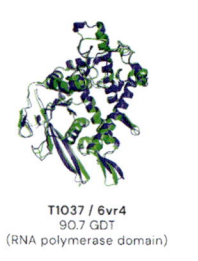

생명 현상을 이해하기 위해서는 DNA를 알아야 하고, DNA를 알기 위해서는 그 구성 요소인 단백질의 복잡한 3차원 구조를 파악해야 합니다. '게놈 프로젝트'라는 말을 들어보셨을 겁니다. 인간의 유전 정보를 해독하려는 이 거대한 프로젝트는 아주 오래전부터 진행되어 왔지만, 수많은 DNA 각각의 단백질 구조를 일일이 밝혀내는 것은 그야말로 엄청난 시간과 노력이 필요한 일이었습니다.

그런데 AI 엔지니어인 데미스 허사비스와 그의 팀이 AI를 이용해 단백질 구조를 매우 정확하게 예측하는 모델(알파폴드)을 개발해낸 것입니다. 이로써 인류가 생명을 이해하는 속도는 이전과는 비교할 수 없을 만큼 빨라졌습니다. 전통적으로 순수 과학 분야의 업적에 주로 수여되던 노벨상이 과학 연구의 지평을 혁명적으로 확장시킨 '기술'에 그 영예를 안긴 것입니다. 경계에서 피어난 눈부신 성과입니다.

하나 더 예를 들어볼까요? 제가 어릴 적 살던 시골 마을 근처에는 공군 비행장이 있었습니다. 전투기가 창공을 가르며 날아갈 때 들리는 굉음, 혹시 경험해보셨나요? 당시에는 '소음 공해'라는 개념조차 희박했던 시절이라, 전투기들은 정말이지 귀가 먹먹할 정도로 요란한 소리를 내며 하늘을 날아다녔습니다. 시골 소년에게는 그마저도 신기하고 즐거운 구경거리였죠. 인터넷도, 변변한 장난감도 없던 시절이었으니까요. 전투기가 지나간 자리에 하얗게 남는 비행운이 마치 솜사탕처럼 낭만적이고 아름다워 보였습니다.

하지만 지금, 그 비행운은 지구 온난화의 주범 중 하나로 지목되며 골칫덩이가 되었습니다. 항공 산업이 배출하는 온실가스 중 상당 부분이 바로 이 비행운 때문이라고 합니다. 비행운은 마치 하얀 이불처럼 지구를 감싸 태양으로부터 받은 열이 우주로 빠져나가지 못하게 막아 지구의 온도를 높입니다. ESG 경영과 탄소 중립이 시대적 과제로 떠오른 지금, 이 문제는 항공 산업계의 매우 중요한 숙제입니다.

이 해묵은 난제를 해결하는 데에도 AI가 결정적인 역할을 하고 있습니다. AI는 어떤 고도, 온도, 습도 조건에서 비행운이 주로 생성되는지에 대한 방대한 데이터를 학습했습니다. 그리고 그 학습 결과를 바탕으로 비행운 발생을 최소화할 수 있는 최적의 항로를 제안합니다. 이것은 단순한 이론에 그치지 않았습니다. 아메리칸 에어라인 American Airlines 항공사의 파일럿들이 실제로 이 AI 시스템을 활용하여

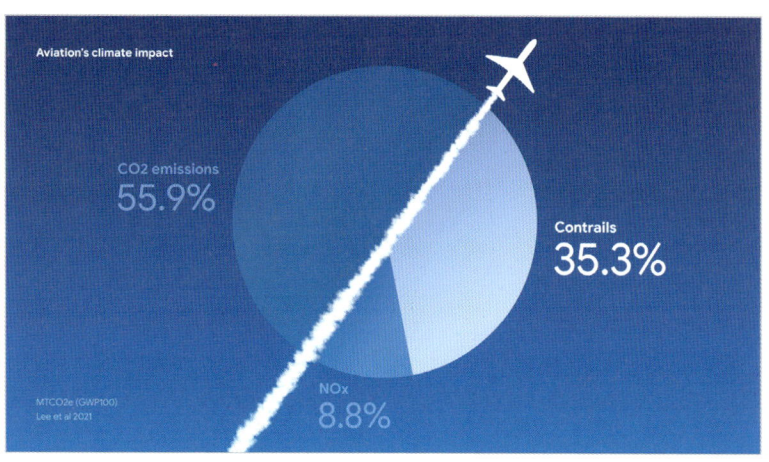

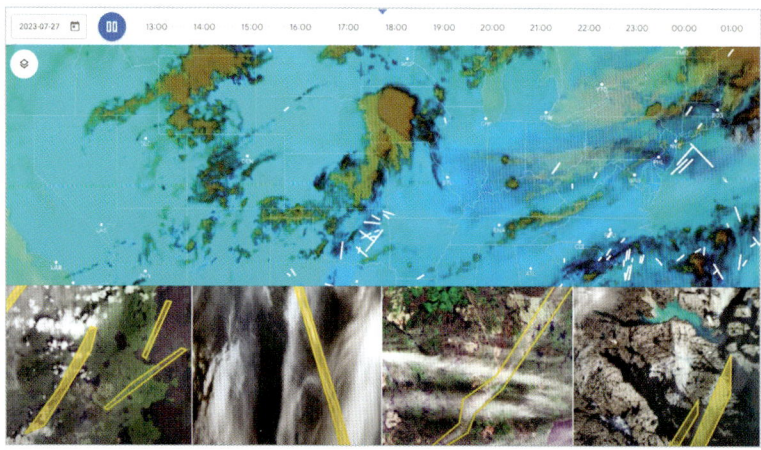

출처:구글 공식 블로그

운항한 결과 비행운 발생은 무려 54%나 감소했고, 이로 인해 추가로 발생하는 연료비는 고작 0.3% 증가에 그쳤습니다. 환경 문제와 항공 기술, 그리고 AI가 만나는 경계에서 또 하나의 의미 있는 꽃이 피어난 것입니다.

자, 이제 모든 산업이 AI라는 같은 도구를 쓰는 시대가 되었다는 사실을 실감하셨을 겁니다. 그렇다면 우리는 무엇을 해야 할까요? 여러분이 세계 최고의 장대높이뛰기 선수가 되고 싶은 꿈을 품은 선수라고 가정해봅시다. 누구를 벤치마킹하고 싶으신가요? 당연히 최고의 장대높이뛰기 선수겠죠. 모든 스포츠 종목 중에서 장대를 사용하는 것은 장대높이뛰기 선수들뿐이니까요.

 그런데 만약 어느 날 갑자기 농구, 배구, 축구를 포함한 모든 스포츠 종목 선수들이 장대를 사용하게 되었다고 상상해보십시오. 이제 여러분의 벤치마킹 대상은 어떻게 달라질까요? 장대높이뛰기는 높이 뛰는 것이 중요하니, 높은 점프가 중요한 농구나 배구 선수들이 장대를 어떻게 활용하는지 연구해볼 수 있을 겁니다. 장대를 손에 제대로 쥐는 그립이 약하다면 악력이 중요한 유도 선수들의 그립법을 참고할 수도 있겠죠.

모든 산업이 같은 도구를 사용하게 되었다는 것은 우리가 배워야 할 대상과 확장해야 할 세계관의 범위가 이전과는 비교할 수 없을 만큼 넓어졌다는 것을 의미합니다. 그리고 이러한 경계 넘기를 성공적으로 수행하기 위해 우리에게 필요한 것은 바로 '지적 겸손함'입니다. '우리 산업, 혹은 우리 부서의 문제를 해결할 수 있는 전문가가 어쩌면 이 업계 바깥 어딘가에 존재할 수도 있다'는 열린 마음과 겸손한 자세가 필요합니다. 하지만 안타깝게도 '업계 전문가'라는 타이틀은 때로 이러한 겸손함을 가로막는 장애물이 되기도 합니다.

더 많은 경계에서 꽃을 피우기 위해 필요한 것

   경계에서 꽃을 피우기 위한 협업과 배움은 중요하지만, 말처럼 쉽지는 않습니다. 같은 조직 내부에서조차 말입니다. 현금^{Cash}과 지식^{Knowledge}의 공통점에 대해 생각해볼까요? 솔직히 둘 다 '다다익선(多多益善)'이죠. 하지만 비즈니스 관점에서 그보다 더 중요한 공통점이 있습니다. 저는 그것이 '흐름^{Flow}'이라고 생각합니다. '현금 흐름^{Cash}

Flow'의 중요성은 굳이 설명할 필요도 없을 겁니다. 현금은 기업의 혈액과도 같아서 원활하게 흘러야만 기업이 생존하고 경제가 활력을 얻을 수 있습니다.

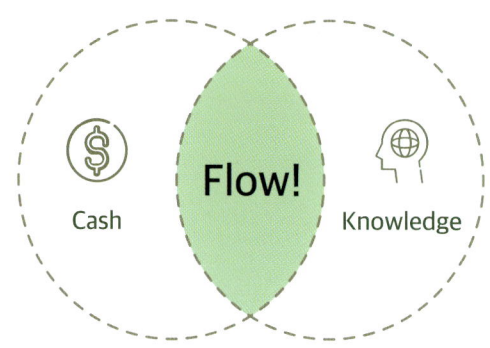

이제는 현금 흐름만큼이나 '지식 흐름Knowledge Flow'에도 주목해야 합니다. 조직 내부에 흩어져 있는 개개인의 통찰, 노하우, 경험들이 얼마나 빠르고 자유롭게 조직에서 순환되고 있는지, 그것을 가능하게 하는 문화가 자리 잡고 있는지가 중요합니다. 기업이 달성해야 할 목표는 점점 더 높아지는데, 그에 상응하는 충분한 자원(인력, 예산 등)을 적시에 확보하기란 현실적으로 쉽지 않기 때문입니다. 그렇다면 어떻게 해야 할까요? 기존에 가진 자원의 가치를 최대한 끌어올리는 방식, 즉 구성원들의 잠재력을 최대한 발휘하게 하는 방식이 필요하고, 이를 위해서는 '지식의 흐름'이 활발한 문화를 만드는 것이 무엇보다 중요합니다.

제 커리어의 대부분을 보낸 구글에서의 경험을 잠시 말씀드려보겠습니다. 국내 대기업에서 10년 정도 근무하시다 구글로 이직해 오신 분께 여쭤본 적이 있습니다. "예전 회사에 출근하실 때 어떤 마음가짐이셨는지 그림으로 한번 표현해주시겠어요?"

그분은 전쟁터로 향하는 병사들의 그림을 선택했습니다.

"매일 아침 전쟁터에 나가는 기분으로 출근했습니다."

그런데 이 사진 속에는 안타까운 현실이 숨어 있었습니다. 언뜻 보면 모두 같은 편 같지만, 사실은 그렇지 않았던 겁니다. 맨 앞에 있는 병사는 오직 A팀장을 위해서만 싸우고, 그 뒤의 병사는 B팀장을 위해서만 싸웁니다. 조직 내부에 보이지 않는 장벽(사일로silo)이 너무나 견고해서 사실상 서로 남이나 다름없는 관계였던 것입니다. 이런 환경에서 지식의 흐름이 원활하게 일어날 수 있을까요? 당연히 불가능했을 겁니다.

그분께 구글에서는 어떤 마음으로 출근하는지 다시 같은 질문을 드렸더니 이번에는 농구팀 선수들의 그림을 선택했습니다.

"이제는 제가 농구 경기에 출전하는 우리 팀 선수 중 한 명이라고 생각합니다. 동료들과 어떻게 협력해야 이 게임에서 이길 수 있을까, 그런 관점으로 출근합니다."

어디에서 더 많은 지식의 흐름이 생겨날지는 자명합니다. 여러분은 아침에 어떤 마음으로 출근하고 계신가요?

흐름이 있는 문화를 만들기 위해서는 어떻게 해야 할까요? 구글에서는 전문성, 통찰, 지식이 엄청나게 빠른 속도로 흐르고 있습니다. 물론 제도적인 장치나 기술적인 도움도 있지만, 더 중요한 것은 구성원들의 철학, 가치관, 그리고 문화라고 생각합니다.

Steal with Pride

예를 들어 구글에서 가장 많이 쓰는 문장 중 하나가 "Steal with

Pride"입니다. 우리말로 직역하면 "자부심을 가지고 훔쳐라" 정도가 될 텐데, 주로 어떤 일을 하다가 난관에 봉착하여 다른 사람의 도움이 필요할 때 메일 제목 등에 이 문구를 사용합니다. 그리고 이렇게 요청합니다.

"제가 지금 이런 문제에 직면해 있는데, 혹시 당신의 지식이나 노하우, 경험을 공유해주실 수 있을까요?"

사실 이거, 정말 어려운 일입니다. 자칫 "나 지금 일 못해요"라고 손드는 것처럼 보일 수 있으니까요. 학교 다닐 때도 모르는 것을 질문하기 어려웠던 것처럼, 조직 내에서 "이거 잘 모르겠습니다"라고 말하는 것은 엄청난 용기가 필요한 일입니다. 하지만 "Steal with Pride"가 담고 있는 진짜 의미는 '내가 지금 너에게 도움을 요청하는 것은 내가 무능해서가 아니라, 나의 평판 관리보다 문제 해결 그 자체에 더 집중하는 사람이기 때문이다. 그래서 너의 도움이 필요하다고 당당하게 요청하는 것은 오히려 자부심을 가질 만한 일이다'라는 것입니다. 모르는 것을 모른다고 솔직하게 이야기하는 사람은 곧 문제 해결에 집중하는 사람이라는 문화가 형성되면, 사람들은 더 이상 아는 척하거나 문제를 숨기려 하지 않을 것입니다.

기업을 경영하면서 생산성을 떨어뜨리는 가장 큰 요인 중 하나가 무엇일까요? 바로 사람들이 모르는 것을 모른다고 말하지 않고 그 문제를 혼자 끌어안고 끙끙대는 것입니다. 모르는 것을 편안하게 이야기할 수 있는 문화가 조성되면, 필요한 지식과 정보가 적시에 흘러 들어가 훨씬 더 효율적으로 문제를 해결할 수 있습니다.

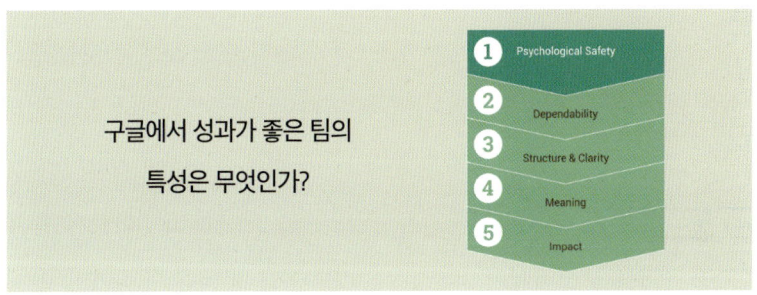

출처:Google re:Work

구글은 전 세계 팀들을 대상으로 '성과가 좋은 팀은 어떤 특성이 있는가'에 대한 대규모 연구를 진행한 적이 있습니다. 여러 중요한 요인들이 발견되었지만, 그중에서도 가장 압도적으로 중요한 키워드는 바로 '심리적 안전감$^{Psychological\ Safety}$'이었습니다. '우리 조직은 내가 무엇을 모른다고 솔직하게 말해도 괜찮다는 심리적 안전감이 있는가?', '내가 과감한 도전을 했다가 실패했을 때, 동료들이 나를 비난하기보다 지지해줄 것이라는 믿음이 있는가?'와 같은 것들입니다. 심리적 안전감을 제공하여 구성원들이 더 투명하고 효율적으로, 그리고 용기 있게 일할 수 있도록 환경은 'Flow(흐름)'의 문화 속에서 개인과 조직이 가진 포텐셜이 극대화될 수 있는 기반이 됩니다.

'거인은 왜 춤을 추지 못하는가? Why can't giants dance?'

AI는 우리가 당연하게 여겼던 일의 경계를 허물며 더 활발한 흐름^{Flow}를 통해 그 지점에서 새로운 기회의 꽃을 피워낼 것을 요구하지만, 이 아름다운 변화 앞에서 모두가 쉽게 꽃을 피울 수 있는 것은 아닙니다. 특히 거대한 조직일수록, 분업의 체계가 세분화될수록 협업의 시너지보다는 각 영역의 전문성에 의존할수록 거인은 춤을 추기 어렵습니다.

광고회사를 예로 들면, 기획^{AE}, 제작^{Creative}, 매체^{Media} 부서는 각자의 전문성을 바탕으로 나뉘어 있습니다. 문제는 이 구조가 단순히 업무를 나누는 데 그치지 않는다는 점입니다. 각 부서는 자신만의 목표와 성공 방식, 성과 측정 기준이라는 서로 다른 '세계관'을 구축하게 됩니다. 바로 이 지점에 AI가 거대한 균열을 만들어냅니다. AI는 기획자가 제작의 영역을, 제작자나 기획자가 매체의 영역을 넘나들도록 만들며 기존의 분업을 기반으로 한 '기획-제작-매체'라는 선형적인 업무방식을 파괴합니다. 기획자는 생성형 AI를 활용해 자신의 전략을 직접 시각화하고, 제작자는 데이터 분석 AI를 통해 가장 효과적인 아이디어를 찾아내며, 매체팀은 미디어 집행을 통해 얻은 수많은 데이터를 기반으로 새로운 캠페인 전략을 위한 인사이트를 발견합니다.

새로운 일의 경계를 만들겠다는 문화를 기반으로 분업의 경계를 재정의하지 않으면, AI 기술은 '부분 최적화'를 통해 부분이 가지는 '모듈성'을 강화하지만 이것이 '전체 최적화'로 연결되지 못하는 결과를 맞게 됩니다. 결국 AI 시대에 경계에서 피어나는 기회의 꽃은 '춤을 배우기로 결심한 거인'만이 쥘 수 있습니다.

<뉴욕타임스> : '그레이 레이디'에서 디지털 혁신의 선두 주자로

〈뉴욕타임스〉의 별명 중 하나가 '그레이 레이디$^{Gray\ Lady}$'였다는 사실을 아시나요? 오랜 역사를 지녔지만 세상의 변화에 둔감한 '꼰대 같은 미디어'라는 조롱 섞인 의미였습니다. 하지만 지금은 아무도 〈뉴욕타임스〉를 그렇게 부르지 않습니다. 역사상 가장 성공적으로 디지털 트랜스포메이션을 이뤄낸 기업 중 하나가 바로 〈뉴욕타임스〉이기 때문입니다. 그리고 그 위대한 여정을 이끈 사람 중 한 명이 마크 톰슨$^{Mark\ Thompson}$ 전 CEO입니다.

현재 〈뉴욕타임스〉가 구독 모델로 벌어들이는 매출의 절반 이상은 '디지털 온리$^{Digital\text{-}only}$' 구독에서 나오고 있습니다. 과거의 종이신문 제국이 이제는 마치 아마존이나 넷플릭스와 같은 디지털 플랫폼 기업으로 완벽하게 변신한 것입니다.

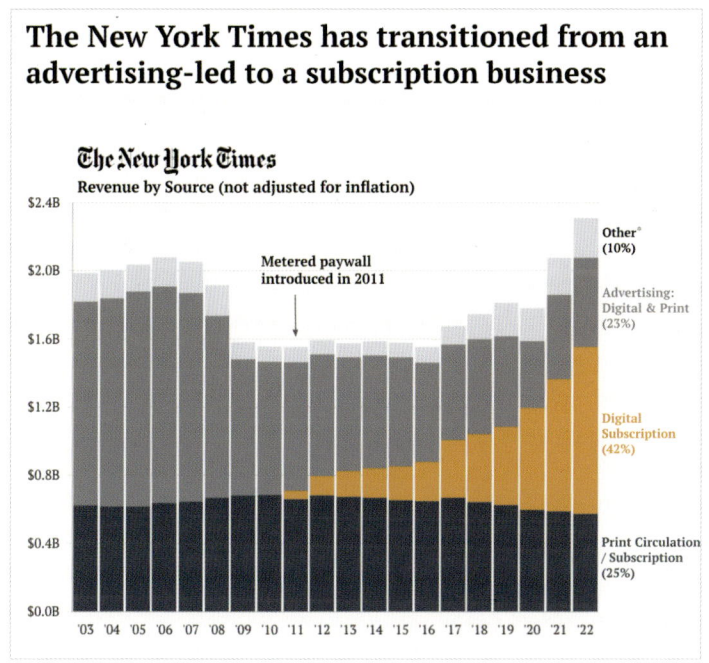

출처: New York Times Company Report

하지만 그 과정은 결코 순탄치 않았습니다. 마크 톰슨이 CEO로 취임했을 때, 독자들은 이미 스마트폰으로 뉴스와 콘텐츠를 소비하고 있었지만, 〈뉴욕타임스〉 내부의 권력과 자원은 기자들이 속한 뉴스룸 부서나 매출을 만들어내는 비즈니스 부서 등 여전히 전통적으로 언론사에서 중요했던 조직에 쏠려 있었습니다. 그리고 두 부서 간의 협업도 잘 이루어지지 않았습니다. 직원들은 독자가 아닌 내부 조직의 눈치를 보며 일했습니다.

2014년 혁신 보고서 발간 당시에도 뉴스룸과 비즈니스 부서 사이에는 "벽 The Wall" 또는 "정교분리 Church and State"라는 표현으로 상징되는 견고한 장벽이 존재했습니다. 이러한 특성은 수십 년간 〈뉴욕타임스〉의 독립성을 지키는 데 기여했으나, 디지털 시대에는 독자 중심의 협업을 가로막는 장애물이 되었습니다.

디지털 전환을 위해서는 뛰어난 엔지니어들을 영입해야 했지만, 몸값이 비싼 엔지니어를 채용하는 것은 조직 내의 엄청난 저항에 부딪혔습니다. 보고서에 따르면 당시 편집국은 여전히 전통적인 저널리즘 역량을 채용 및 승진의 최우선 순위로 두었고, 디지털 인재들은 성장의 기회가 부족하다고 느꼈으며 심지어 자신들의 전문성이 제대로 이

해받거나 인정받지 못한다고 여겼습니다. 실제로 몇몇 유능한 디지털 인재들은 이러한 조직 문화에 실망하여 회사를 떠나기도 했습니다. 일하는 방식과 세계관이 '전통적인 언론사 조직 중심'으로 고착되어 있었기 때문입니다.

마크 톰슨과 당시 경영진은 문제 중심으로 구조를 바꾸었습니다. "이제부터 〈뉴욕타임스〉의 중심에는 뉴스룸이나 비즈니스 조직이 있는 것이 아니라, 오직 디지털 시대를 살아가는 독자만이 존재한다." 그리고 이 독자를 위해 각 조직과 개인이 어떤 역할을 해야 하는지를 근본적으로 재정립했습니다.

혁신 보고서는 이러한 변화의 필요성을 구체적으로 제시했습니다. 보고서는 뉴스룸이 독자 경험$^{Reader\ Experience}$에 중점을 둔 부서들(디자인, 기술, 소비자 인사이트 그룹, R&D, 프로덕트 등)과 긴밀히 협력해야 한다고 강조했습니다. 이는 단순히 부서를 합치는 것이 아니라, 독자 중심이라는 공동의 목표 아래 각 부서의 전문성을 최대한 발휘하도록 하는 것이었습니다.

이러한 변화는 '독자 개발Audience Development'이라는 핵심 목표를 뉴스룸의 주요 임무로 설정하는 것에서 시작되었습니다. 이는 단순히 기사를 생산하는 것을 넘어, 독자들이 〈뉴욕타임스〉의 저널리즘을 더 많이 더 깊이 경험하도록 만드는 모든 활동을 포함합니다. 이를 위해 부서 간 장벽을 허무는 협업 문화 조성을 구체적인 실행 방안으로 제시했습니다. 그 고통스러운 과정을 거쳐, 한때 '그레이 레이디'라 불리던 〈뉴욕타임스〉는 끊임없는 자기 혁신을 통해 디지털 트랜스포메이션의 여정에 성공했습니다.

이러한 관점의 전환은 AI 시대에도 똑같이 적용됩니다. 요즘 유행처럼 'AX(AI Transformation)'라는 말을 사용합니다. 과거 DX(Digital Transformation)가 그랬던 것처럼, 새로운 변화를 조직에 안착시키기 위한 노력의 일환입니다. 그런데 많은 조직들이 새로운 변화를 추진할 때 가장 손쉽게 선택하는 방법이 있습니다. 바로 'TFT(Task Force Team)'를 만드는 것입니다. "자, 우리 AI 혁신을 위해 TFT를 한번 만들어봅시다!" 왜 만들까요? 변화를 강력하게 추진하기 위해서입니다. 하지만 저는 때로 이 TFT가 변화의 원동력이 되기보다 오히려 혁신을 가로막는 걸림돌이 될 수도 있다고 생각합니다.

왜일까요? TFT가 만들어지는 순간, 그 TFT에 속하지 않은 나머지 구성원들은 암묵적으로 '면죄부'를 받았다고 생각하기 쉽습니다. "AI 혁신? 아, 그건 저기 TFT가 하는 일이지, 우리랑은 상관없어." 심지어 어떤 사람들은 팔짱을 낀 채 "어디 얼마나 잘하나 보자"며 냉소적인 시선으로 바라보기도 합니다. 변화는 피곤하니까요.

물론 TFT가 해당 문제에 대해 가장 깊이 고민해야 하는 건 맞습니다. 그러나 동시에 다른 구성원도 시대정신과 문제를 공유하면서 각자의 영역에서 변화를 시작해야 합니다. 융합형 인재가 필요했던 시대에 '융합형 인재 육성팀'이 아니더라도 저 멀리 시골 학교에서 국어를 가르치는 선생님조차 '내가 국어 수업 방식을 어떻게 바꾸면 우리 아이들을 융합형 인재로 키우는 데 조금이라도 도움이 될 수 있을까?'를 함께 고민할 때 비로소 변화의 물결이 조직 전체로 퍼져나갈 수 있습니다.

우리는 AX라는 이름 아래 변화를 시도하고 있습니다. 이를 위해 AI 혁신팀이나 TFT가 생겨날 수 있습니다. 하지만 조직 구성원 모두가 '문제 중심'으로 사고하지 않고 여전히 '조직 중심'의 관성에 젖어 있다면, 오히려 혁신은 더디게 진행되거나 길을 잃을 수 있습니다. 이 부분에 대한 냉철한 판단이 그 어느 때보다 중요한 시점입니다.

산업 중심에서 문제 중심으로

마지막으로, 경계에서 꽃을 피우기 위해 '산업 중심'의 관점을 '문제 중심'의 관점으로 바꾸는 것에 대해 이야기해보려 합니다.

몇 년 전, 미국에서 영화보다 더 영화 같은 일이 벌어졌습니다. 바이든 전 대통령이 노후화된 사회 인프라 개선을 위한 대규모 투자 계획을 발표하고자 피츠버그로 향하고 있었는데, 연설 장소에 도착하기 불과 몇 시간 전에 피츠버그의 한 다리가 실제로 무너진 것입니다.

여러분, '다리의 안전'은 전통적으로 어떤 산업의 문제일까요? 당연히 건설업, 토목업이라고 생각하실 겁니다. 만약 서울 한남대교가 무너진다면 정부는 긴급 대책회의를 열고 예산을 편성하여 건설업계를 통해 문제를 해결하려 할 것입니다. 문제 정의 자체가 '건설업'의 영역이니까요. 우리는 오랫동안 그런 방식으로 세상을 바라보고 문제를 해결해왔습니다.

그런데 이 변곡점의 시대는 우리에게 전혀 다른 관점을 제시합니다. 세계적인 과학 학술지 〈네이처Nature〉에 아주 흥미로운 논문이 실렸습니다. 다리 위를 지나는 자동차 운전자들의 스마트폰 데이터만으로 다리의 안전을 진단하고 예측할 수 있다는 내용이었습니다. 스마트폰에는 '가속도계'라는 센서가 내장되어 있는데, 이 센서를 통해 다리 특유의 미세한 흔들림과 진동 패턴을 측정할 수 있다는 것입니다. 연구팀은 이 개별 스마트폰 데이터를 한데 모아 모델링한 결과, 다리 안전 진단에 매우 유효하다는 사실을 발견했습니다. 나아가 '우버Uber'와의 협업을 통해 다양한 차종, 스마트폰 기종, 운전 습관 등 입체적인 데이터를 확보해 모델을 만들었을 때 정확도는 더욱 높아졌고, AI 기술을 접목하면 다리 안전 진단의 정확도를 높일 수 있을 뿐 아니라 다리의 수명을 평균 30% 더 연장시킬 수 있다는 결론으로 마무리됩니다.

자, 다시 질문을 드려보겠습니다. 이제 '다리의 안전'은 어떤 산업

출처: ⟨Nature⟩

의 문제일까요? 여전히 건설업만의 문제일까요? 아니면 데이터 산업, 혹은 AI 산업의 문제이기도 할까요? 지금 우리에게 필요한 것은 바로 이런 경계를 넘나드는 유연한 세계관입니다.

    제가 건설업계 CEO분들께 강연할 기회가 있었을 때 이렇게 말씀드렸습니다. "드디어 여러분의 오랜 꿈이 이루어지는 시대가 온 것 같습니다!" 많은 기업들이 애플이나 구글처럼 하드웨어와 소프트웨어를 함께 판매하며 지속적인 가치를 창출하고 싶어 하지만 그것은 결코 쉬운 일이 아닙니다. 건설업은 주로 다리나 건물과 같은 '하드웨어'를 판매해왔습니다. 그러나 이제는 다리라는 하드웨어를 건설하면서 동시에 그 다리의 안전을 실시간으로 진단하고 예측하는 AI '소프트웨어' 솔루션을 함께 제공할 수 있게 되었습니다. 건설업도 플랫폼 비즈니스로 진화할 수 있는 가능성이 열린 것입니다. 그렇게 되기 위해서는 어떻게 해야 할까요? 당연히 다른 성공적인 플랫폼 기업들이 어떻게 사업을 운영하고 있는지 배워야 하고, 그들의 지식과 경험을 우리 것으로 만들기 위해 적극적으로 경계를 넘어 소통하고 협력해야 합니다.

이 시대를 함민복 시인의 시집 제목이기도 한 '모든 경계에는 꽃이 핀다'라는 아름다운 문장으로 표현하고 싶습니다. 서로 다른 것, 낯선 것들이 만나는 경계에는 어김없이 새로운 생각과 가능성이라는 이름의 꽃들이 피어났습니다. AI 시대는 우리가 상상하는 것 이상으로 더 다양한 경계에서 더욱 풍성한 꽃들을 피워낼 수 있는 환경을 우리에게 선물하고 있습니다.

Special Story　+++

페디그리의 'Adoptable' 캠페인
: AI와 광고의 경계에서 핀 따뜻한 꽃

저는 전 세계 수많은 광고 마케팅 사례를 공부합니다. 혁신적인 아이디어로 문제를 해결한 사례를 보면 가슴이 뛰고, 그 아이디어를 만든 창작자들의 고뇌와 열정에 존경심을 갖게 됩니다. 최근에는 광고 업계가 AI를 만난 경계에서 창의적인 꽃이 피고 있습니다. 많은 사례 중에서 '페디그리Pedigree'의 '어돕터블Adoptable' 광고 캠페인을 소개하고 싶습니다. AI를 만나는 경계에서 따뜻한 꽃이 핀 순간을 함께하고 싶기 때문입니다.

반려동물 사료를 판매하는 페디그리의 광고에서 귀여운 개는 늘 주인공이었습니다. 스튜디오에서 마치 모델처럼 멋진 자세로 찍은 강아지 사진을 활용해서 광고를 진행했습니다. 페디그리는 '자신들의 광고에 나오는 개들이 광고 모델이 아니라, 정말로 주인이 필요한 유기견이면 어떨까?'라는 새로운 생각을 했습니다. 이것이 2024년 깐느 페스티벌에서 최고상인 그랑프리를 받은 '어돕터블' 캠페인의 시작이었습니다.

페디그리는 기술 스튜디오 '넥서스 스튜디오 Nexus Studios'와 협업해서, 유기견 보호소에서 찍은 사진 한 장만으로 마치 스튜디오에서 다양한 포즈로 찍은 사진을 만들어낼 수 있는 AI 솔루션을 개발했습니다. AI 기술 덕분에 개들의 사진은 광고의 다양한 아이디어에 최적화된 모습으로 바뀔 수 있었습니다.

이제 이미지 준비는 끝났습니다. 사람들의 라이프스타일을 파악할

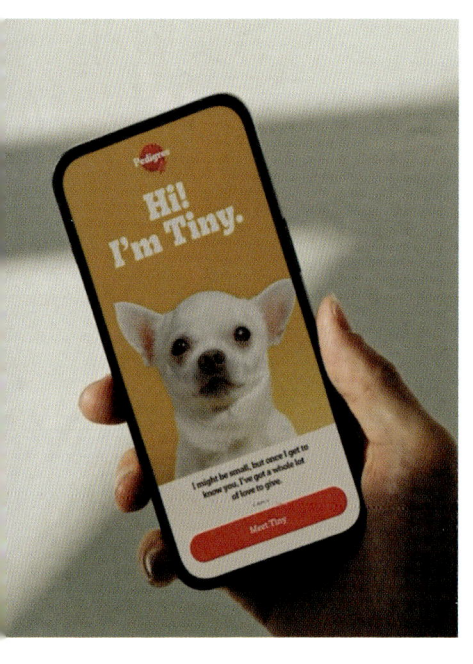

수 있는 데이터를 활용해 여러 개들이 입양될 확률이 가장 높은 지역에 광고를 게재했습니다. 예를 들면 공원 근처에 사는 사람들에게는 산책을 즐기는 활동적인 개를 광고 모델로 사용하는 식이었습니다.

이전에는 페디그리 제품을 홍보하던 옥외 광고판이 입양 플랫폼으로 변신하는 순간입니다. 옥외 광고에 노출된 개를 입양하고 싶은 사람들은 광고에 표시된 QR코드를 통해서 개의 정보를 확인하고 입양까지 가능합니다. 만약 광고 모델로 노출된 개가 입양되면 가족을 기다리는 다른 유기견으로 광고 모델이 대체됩니다.

캠페인 결과 리포트에 따르면 광고를 통해 소개된 강아지들의 프로필 조회 수는 6배 급증했고, 광고에 등장한 강아지 가운데 절반이 첫 2주 안에 새로운 가족을 찾았다고 합니다. 입양 확률도 전통적인 방법보다 무려 12%나 높았습니다.

　AI 기술이 없었다면 실행하기 어려운 캠페인이었습니다. 기술 덕분에 마케터는 자유롭게 그리고 과감하게 아이디어를 구상할 수 있었고, 그 아이디어를 실현하는 과정은 AI를 통해 훨씬 효율적이었습니다. 광고가 AI를 만난 경계에서 광고는 광고 이상의 가치를 만드는 꽃을 피웠습니다.

네 번째 수업
●●●●○ ― 나의 삶을 사는 것이 ―

———————— 영감의 원천이다

기술의 시대 vs. 서사의 시대

　　변곡점의 시대는 우리에게 좋은 질문을 던지지만, 어떤 질문들은 시대의 변화 속에서도 변치 않고 계속됩니다. 역사상 가장 눈부신 기술의 시대를 살고 있지만, 우리는 인류가 삶과 역사로 축적한 서사에서 영감을 받으며 살아왔고 앞으로도 이 서사의 가치는 계속될 거라고 생각합니다.

　2024년 2월, 런던의 상징과도 같은 2층 빨간 버스 창가에 기대앉아, 유리창을 타고 흐르는 빗방울 너머로 아련하게 번지는 도시의 풍경을 바라보았습니다. 사진 속 풍경은 어쩌면 흔한 도시의 한순간으로 치부될지도 모릅니다. 뿌연 수채화처럼 비 내리는 도시의 모습은 제가 떠나온 서울의 거리에서도 익숙한 풍경이었으니까요. 하지만 그 순간, 저는 스마트폰을 꺼내 들었습니다. 그저 스쳐 지나가는 장면이 아니라, 오래도록 간직하고픈 특별한 무언가가 제 마음을 두드렸기 때문입니다.

그 무언가는 런던의 비가 품고 있는 오랜 이야기들이었습니다. 런던의 비는 수많은 문학 작품과 낡은 필름 속에서 스토리의 배경이 됩니다. 셜록 홈스의 안개처럼 미스터리한 도시의 분위기를 만들기도 하고, 잔잔한 영화의 배경음악이 되어 쓸쓸하면서도 로맨틱한 감성을 불러일으키곤 합니다. 늘 변덕스러운 날씨에 익숙한 런던 사람들에게 비는 어쩌면 삶의 일부이자 도시의 정체성을 이루는 고유한 서사가 되는 것입니다.

이 지점에서 런던 여행자의 눈앞에 펼쳐진 비 오는 도시의 풍경은, 서울의 여느 날의 익숙한 그것과는 전혀 다른 것이 됩니다. 그것은 안개와 비, 고독과 낭만, 그리고 수세기 동안 쌓여온 도시의 기억들이 뒤섞인, 런던이라는 거대한 도시가 오랜 삶으로 축적해온 살아 있는 서사를 경험하는 특별한 풍광이었습니다. 서사의 힘이죠. 인류의 삶 속에 축적되고 공유되고 스며든, AI는 따라 할 수 없는 '고유한 가치와 감성'이니까요.

서사는 예술가의 삶과 작품을 대하는 저의 관점과 태도를 완전히 바꾸어놓았습니다. 이중섭의 전시회에 가기 전까지, 저에게 그는 교과서 속 〈황소〉 그림의 작가일 뿐이었습니다. 〈황소〉의 강렬함은 알았지만, 정작 그 그림을 그린 이중섭이라는 한 사람의 서사에는 무지했습니다. 그러나 전시실 벽면을 채운 그의 삶의 기록들을 따라가면서 저는 엄청난 충격과 함께 깊은 감동에 휩싸였습니다.

이중섭

〈황소〉

이중섭은 1916년 평안남도 평원군에서 부유한 지주 집안의 막내아들로 태어났습니다. 상대적으로 유복했던 경제적 배경은 그가 일찍부터 미술에 대한 재능을 발견하고 일본으로 유학을 떠나 당대 최고의 미술 교육을 받을 수 있는 밑바탕이 되었습니다.

그가 예술가로서 활동을 시작하려던 시기는 일제강점기 말기였고, 이후 해방과 한국전쟁이라는 사회적 혼란기를 겪게 됩니다. 전쟁으로 인해 고향을 떠나 월남해야 했고, 피란 생활은 극도의 궁핍함을 동반했습니다. 결국 아내 야마모토 마사코(한국명 이남덕) 여사와 두 아들은 생계의 어려움과 건강 문제 등으로 인해 1952년 일본으로 건너가게 됩니다. 이중섭은 홀로 남아 가족을 그리워하며 작품 활동을 이어갔지만, 가족에게 생활비를 보내야 하는 부담과 작품 판매의 어려움 등으로 경제적 궁핍은 더욱 심해졌습니다. 종이를 살 돈이 없어 담뱃갑 은박지에 그림을 그릴 정도로 가난했음에도, 예술에 대한 이중섭의 열정만큼은 꺾이지 않았습니다. 특히 그의 그림 곳곳에서 사랑하는 가족에 대한 간절한 그리움이 마치 슬픈 서사처럼 읽힙니다.

그 뒤로 이중섭은 제게 더 이상 〈황소〉로만 기억되는 이름이 아니었습니다. 그의 모든 작품, 특히 아이들과 아내를 향한 애틋한 마음이 담긴 소박한 그림들은 그의 삶이라는 거대한 서사의 일부로서, 이전과는 비교할 수 없는 깊이와 울림으로 다가왔습니다. 최고의 작품은 그 작가의 삶 전체가 응축된 서사 그 자체라는 것을 깨달았습니다. 유명한 작품에서 출발하는 것이 아니라 한 인간의 삶의 서사를 먼저 이해하고 작품을 마주할 때, 비로소 우리는 그 예술 세계의 풍성한 의미를 제대로 음미할 수 있게 됩니다. 이제 저에게 가장 영감을 주는 이중섭의 작품은 〈황소〉가 아니라 〈춤추는 가족〉과 〈현해탄〉입니다.

〈춤추는 가족〉

〈현해탄〉

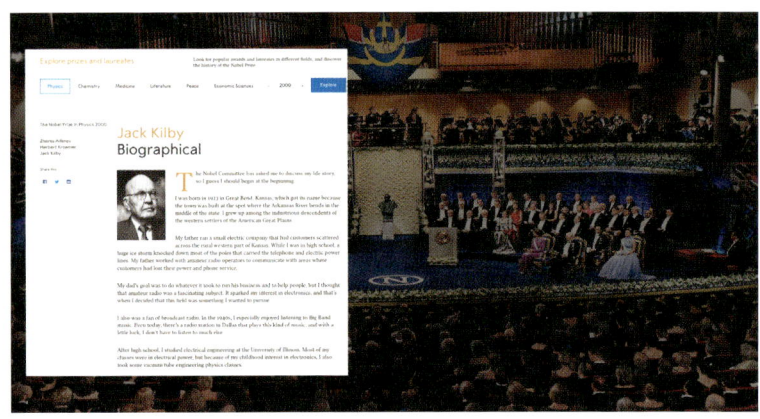

'삶의 서사'가 주는 무게와 감동은 비단 예술가에게만 해당되는 이야기가 아닙니다. 노벨위원회는 각 분야의 노벨상 수상자들에게 자신의 삶에 대한 에세이를 요청하는데, 위원회 홈페이지에는 그들의 진솔한 삶의 이야기가 빼곡히 기록되어 있습니다. 예를 들면 2000년 노벨 물리학상 수상자인 잭 킬비Jack Kilby의 에세이는 "나는 1923년에 태어났다"라는 평범한 문장으로 시작하여 유년기의 추억, 아버지에 대한 기억, 학문에 정진하게 된 계기, 연구 과정에서의 숱한 난관과 극복의 순간들을 담담하게 풀어놓습니다. 그 글들을 읽다 보면 우리는 그들의 빛나는 업적 이전에 한 인간으로서 겪어온 고뇌와 열정, 인내의 시간을 마주하게 됩니다. 그리고 그들의 삶의 서사가 바로 노벨상이라는 것을 깨닫게 됩니다.

기술과 디지털 시대에도 계속되는 서사의 가치

한때 저는 『서사의 위기』라는 책을 읽으며, 빠르고 자극적인 숏폼 콘텐츠와 디지털 기술이 범람하는 이 시대에 과연 깊이 있는 서사가 살아남을 수 있을까 하는 의구심을 품었던 적이 있습니다. 책에서는 스토리가 정보의 나열, 자기광고, 교환가치 기반, 소비자를 향한다면, 서사는 경험의 축적, 자기 존재의 진솔한 증명, 깊은 공감, 그리고 삶의 주체를 향한다고 구분합니다.

만약 이것이 서사의 진정한 정의라면, 저는 지금은 서사의 위기가 아니라 '서사의 기회'라고 생각합니다. 진정성 있는 서사는 디지털과 플랫폼이라는 강력한 날개를 달고 그 어떤 시대보다 빠르고 넓게 퍼져 나가며 사람들의 마음을 움직이는 폭발적인 힘을 갖기 때문입니다.

사람들의 마음을 움직인 16초의 서사

출처:틱톡 Stonemaidens

'틱톡 TikTok'은 숏폼 영상 플랫폼의 대명사입니다. '서사의 위기'라는 말이 어울릴 것 같은 이곳에서 한 편의 소설이 세계적인 베스트셀

러가 된 기적 같은 이야기가 펼쳐졌습니다. 화려한 마케팅 전략이나 유명인의 후광은 존재하지 않았습니다. 시작은 이름 없는 작가인 아버지를 세상에 알리고 싶었던 딸의 서툴지만 진심 어린 짧은 영상 하나였습니다.

딸이 올린 틱톡 영상 속에는 수십 년간 세상의 주목을 받지 못한 채 골방에서 묵묵히 자신만의 문학 세계를 만들며 소설을 써내려간 한 아버지의 오랜 헌신과 포기하지 않는 열정, 그리고 글쓰기 자체를 사랑하는 순수한 마음이 고스란히 담겨 있었죠.

영상에 대한 댓글 창은 순식간에 감동의 물결로 뒤덮였습니다. 1만 개가 훌쩍 넘는 가장 많은 '좋아요'를 받은 댓글은 이 영상이 어떻게 사람들의 마음을 움직였는지 알려줍니다.

댓글 1,442개 인기 댓글순

 @IDPASSWORD
1. 가족을 1순위로 두고 살아온 세월의 위대함.
2. 14년간 꾸준히 포기않고 이어간 성실함.
3. 책의 인기나 유명세를 욕심 내지않고 자신이 원하는 집필 과정 자체에 이미 만족하고 느끼는 행복감.
4. 아버지의 노력에 비해서 바라는게 너무 없다고 느낀 딸이 아버지를 위해 발휘한 가족애.

사람들은 한 인간의 삶이 진솔하게 응축된 16초짜리 영상에 담긴 서사에 마음이 움직였고, 11년간 제대로 팔린 적이 없었던 아버지의 소설은 아마존 베스트셀러가 되었습니다.

펭귄 아쿠아리움 사육사

수족관의 펭귄들은 귀엽지만 한편으로는 비슷비슷해 보이는 존재들입니다. 처음엔 신기한 눈으로 바라보다가도 금세 익숙해지고, 다시 그곳을 찾을 특별한 매력을 느끼기란 쉽지 않죠. 일본의 한 펭귄 아쿠아리움은 이 오래된 고민을 아주 창의적인 방식으로 해결했습니다.

그들은 수많은 펭귄들을 단순한 '펭귄 무리'가 아닌, 각자의 이름과 개성, 그리고 무엇보다 예측 불가능한 '관계의 서사'를 가진 특별한 존재로 세상에 소개한 것입니다. "얘랑 쟤는 지금 뜨겁게 사귀는 중이에요. 아, 그런데 저 펭귄이 사실은 양다리랍니다!"

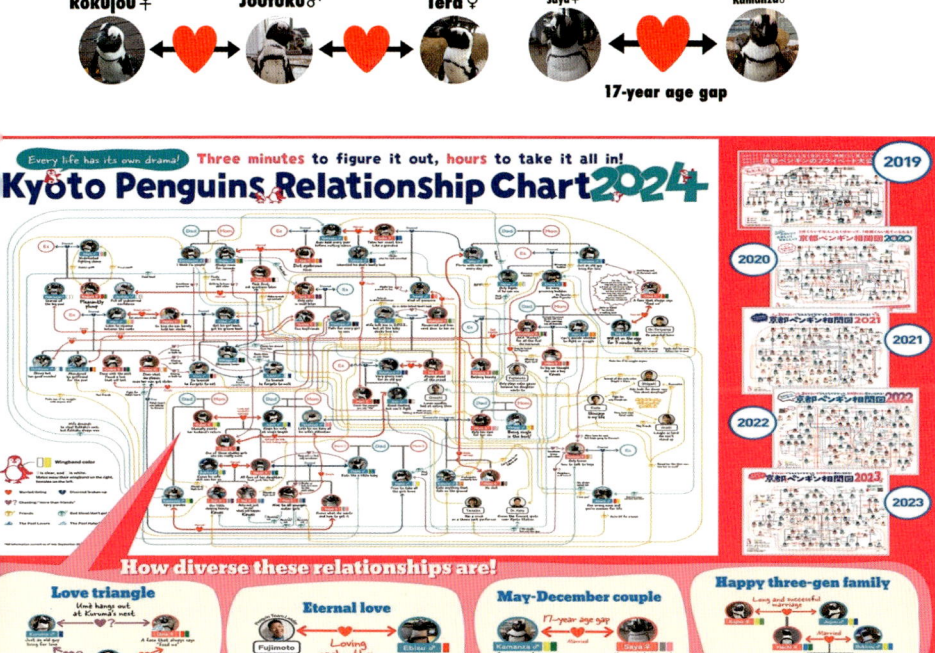

이 놀라운 이야기는 한 사육사가 10년 넘게 매일같이 펭귄들의 행동과 관계를 세밀하게 관찰하고 기록해온 '진짜' 기록에 바탕을 두었습니다. 펭귄 세계에도 인간 드라마 못지않은 흥미진진한 이야기가 펼쳐진 것입니다. 이때부터 사람들에게 펭귄은 더 이상 단순한 펭귄이

나의 삶을 사는 것이 영감의 원천이다

아니라 각각 사연을 가진 서사의 주인공이 됩니다. 펭귄 한 마리 한 마리의 삶에 깃든, 때로는 인간보다 더 인간적인 그 서사가 잠자던 아쿠아리움에 새로운 활기와 생명력을 불어넣은 것입니다. 그리고 이것이 가능했던 진짜 힘은 오랜 시간 동안 사육사라는 자신의 삶을 꿋꿋하게 살아오며 펭귄의 삶을 기록해온 실천적 서사가 있었기 때문입니다.

흙냄새 나는 50년 농부의 서사

화려한 편집 기술과 세련된 그래픽, 자극적인 콘텐츠가 넘쳐나는 유튜브의 세계. 이곳에서 투박하기 그지없는 한 농부의 채널이 수십만 구독자의 마음을 사로잡았습니다. '성호육묘장'이라는 이름의 이 채널은 50년 넘게 흙과 함께 정직하게 살아온 한 어르신이 운영합니다. 영상은 때때로 심하게 흔들리고, 특별한 자막이나 화려한 효과음도 없습니다. 아마도 맞은편에서 할머니가 서툰 솜씨로 스마트폰을 들고 찍어주는 듯한, 날 것 그대로의 풍경이죠.

그럼에도 불구하고 사람들이 이 채널에 열광하는 이유는 무엇일까요? 주말농장을 하는 제 지인을 통해 이 채널의 존재를 알게 되었고, 그분이 이 채널을 구독하며 농사를 배우는 이유를 말했을 때 답을 얻을 수 있었습니다.

"제가 왜 이분께 농사를 배우냐면요, 이분은 50년째 농사짓고 계시거든요."

나의 삶을 사는 것이 영감의 원천이다

매료되는 서사

= 가치 * 실천 * 삶

그렇습니다. 콘텐츠를 팔기 위한 계산된 이야기가 아닌, 50년이라는 세월 동안 땅과 씨름하며 체득한 삶의 지혜, 그 진솔하고 꾸밈없는 이야기는 우리의 머리를 넘어 가슴까지 깊숙이 파고듭니다. 구독자 42만 명이 넘는 채널의 프로필 사진이 여전히 아무것도 설정되지 않은 기본값 그대로라는 사실조차 사람들은 그의 서사를 완성하는 하나의 요소로 기꺼이 받아들입니다. 유저들은 이 채널을 방문해 "아~ 청정하다"라는 댓글을 남깁니다.

50년 농부의 삶, 그 자체가 가장 강력한 콘텐츠이자 흔들리지 않는 신뢰의 증표가 된 것입니다.

저는 이처럼 사람들을 깊이 매료시키는 서사의 본질을 이렇게 표현합니다.

가치^{Value} * 실천^{Action} * 삶^{Time}

자신이 진정으로 가치 있다고 믿는 것을 생각에만 그치지 않고 구체적인 행동으로 옮기며, 그 행동을 꾸준한 시간을 들여 지속하는 것. 가치를 행동으로 실천하는 것도 어려운 일이지만, 이토록 빠르고 변덕스러운 시대에 그것을 묵묵히 이어가는 것은 더욱 어려운 일입니다.

그러나 바로 그런 삶을 살아온 사람, 그런 진정성 있는 서사를 지닌 사람에게 우리는 깊이 매료되기 시작했습니다. 자신이 매료되어 있는 가치를 향해 삶으로 축적된 서사가 쌓일 때, 그 삶 자체가 사람들에게 영감이 되고, 사람들이 그 서사에 열광하는 시대를 우리는 살고 있습니다.

그렇다면 이 모든 이야기가 격변의 시대를

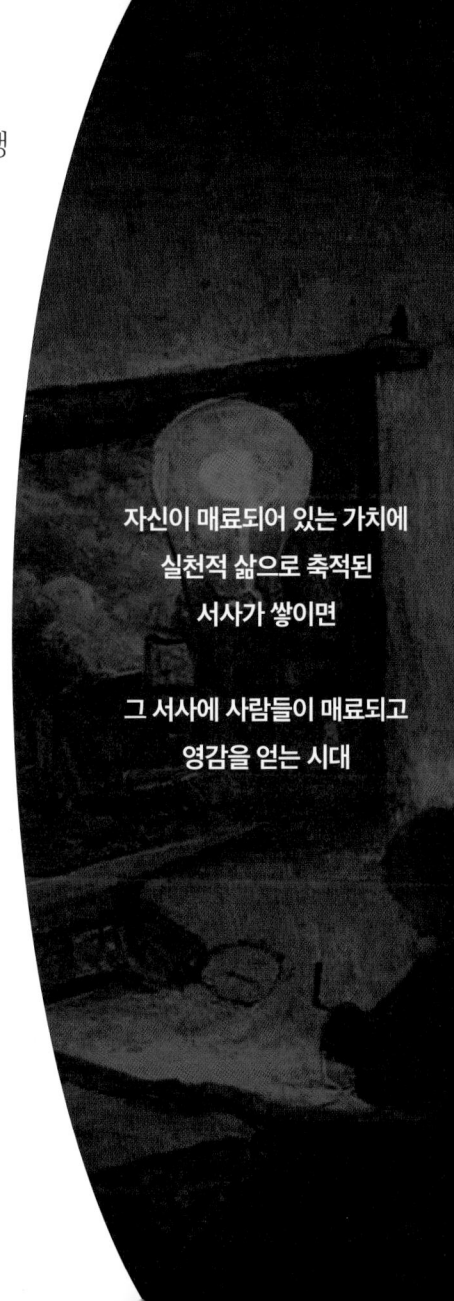

자신이 매료되어 있는 가치에
실천적 삶으로 축적된
서사가 쌓이면

그 서사에 사람들이 매료되고
영감을 얻는 시대

살아가는 우리 자신에게 던지는 의미는 무엇일까요? 변곡점의 시대에 새로운 기술과 변화하는 직업 세계에 맞춰 역량을 기르고 다른 세계관을 갖추는 것도 물론 중요합니다. 하지만 그 모든 변화의 소용돌이 속에서도 "나는 어디에 매료되어 살고 싶은 사람인가?"라는 질문의 무게는 결코 가벼워지지 않습니다. 이 질문은 과거에도 중요했고, 지금 이 순간에도, 그리고 다가올 미래에도 우리 삶의 가장 근본적인 물음으로 남을 것입니다. 자신이 진정으로 매료될 대상을 찾고 그 매혹을 따라 자신만의 서사를 쌓아가는 사람은 이전보다 훨씬 더 다양하고 풍요로운 방식으로 삶을 누릴 수 있는 시대를 맞이했다고 저는 생각합니다.

우리는 종종 위대한 성취를 이룬 이들의 삶에서 특별한 비법이나 초월적인 영감을 찾으려 합니다. 하지만 역설적이게도 그들의 이야기 속에서 우리가 발견하는 것은 화려한 성공의 이면에서 묵묵히 자신의 삶을 일궈나가는 평범하지만 강력한 의지일 때가 많습니다. 어쩌면 진정한 영감이란 외부의 거창한 사건이 아니라 바로 각자의 삶 가장 깊숙한 곳에서 길어 올려지는 것인지도 모르겠습니다.

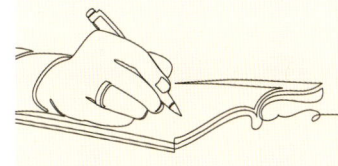

"빨리 골방에 가고 싶다."

문학 잡지의 한 페이지에서 우연히 마주한 소설가 한강의 인터뷰는 제게 오래도록 남을 울림을 주었습니다. 세계적인 권위의 맨부커 국제상을 수상한 직후 소감을 묻는 말에 한강 작가는 뜻밖에도 "빨리 골방에 가고 싶다"고 답했습니다. 세상의 모든 찬사와 주목으로부터 한 걸음 물러나, 다시 자신만의 공간으로 돌아가 조용히 삶과 글쓰기를 이어가겠다는 고요하지만 단단한 의지. 그 짧은 문장은 화려한 성취 너머에 있는 창작자 본연의 삶, 그 꾸준함이야말로 모든 이야기의 시작임을 말해주는 듯합니다.

글로벌 아이콘 BTS의 RM 역시 비슷한 맥락의 말을 남겼죠.

"방탄소년단을 오래 하고 싶다. 오래 하려면 내가 나로 남아 있어야 한다."

이 또한 다르지 않습니다. 팀의 일원이자 세계적인 아티스트로서의 정체성과 별개로, 혹은 그 모든 것의 근간으로서 나의 삶을 온전히 지켜내는 것. 그것이 곧 꺼지지 않는 영감의 원천이자, 지속 가능한 예술을 향한 그들의 진솔한 고백일 것입니다.

일과 나의 삶

제가 몸담고 있는 광고 마케팅 회사 '이노레드'의 이야기를 잠시 꺼내볼까 합니다. 흔히 광고업계라 하면 숨 막히는 야근 문화와 '워라밸' 붕괴의 대명사처럼 여겨지곤 합니다. 저희 회사도 프로젝트의 성격에 따라 야근을 할 때도 있고, 주말에 일해야 하는 경우도 있습니다. 최근 2년간 직원들의 평균 퇴근 시간은 오후 6시 전후이고, 주 36시간 근무(평균적으로 주 4.5일 일한다고 할 수 있습니다)를 시행하고 있습니다. 그래서 많은 분들이 이노레드의 근무 환경을 보며 단순히 '삶과 일의 균형이 좋은 회사' 정도로 생각하실지도 모르겠습니다. 물론 구성원들의 지속 가능한 삶을 위해 일과 휴식의 균형을 지원하는 것은 경영자로서 매우 중요한 책무입니다. 하지만 그 이면에는 또 하나의,

어쩌면 더욱 근본적인 이유가 숨어 있습니다.

광고나 마케팅이라는 업의 본질은 끊임없이 새로운 아이디어를 샘솟게 하고 내 안에 축적된 통찰을 세상 밖으로 길어 올리는 일입니다. 마치 마르지 않는 샘처럼 창의성을 발휘해야 하는 이 직업은 때로 극심한 소진감을 동반하고, 더 이상 짜낼 것이 없다는 좌절감에 빠뜨리기도 합니다. 우리가 지치지 않고 늘 새로운 시각과 반짝이는 아이디어를 샘솟게 하기 위한 가장 근본적인 조건은 무엇일까요? 저와 함께 회사를 경영하고 있는 박현우 대표와 성수동 어느 레스토랑에서 대화를 나누다가 그에게서 좋은 답변을 얻었습니다. '자신의 삶'을 충실히 살아가는 것이죠.

회사 업무라는 테두리를 벗어나 각자의 고유한 리듬과 색깔로 채워가는 '나만의 시간들'. 그 속에서 마주하는 다양한 경험, 사색, 관계, 그리고 때로는 무료함마저도 새로운 영감의 씨앗이 되어 우리 안에 차곡차곡 쌓입니다. 이렇게 각자의 삶 속에서 정성껏 길러낸 다채로운 영감의 조각들이 '협업'이라는 이름으로 한데 모여 서로 부딪치고 공명할 때, 비로소 이전에는 상상할 수 없었던 더 좋은 아이디어, 더 놀라운 혁신이 탄생하는 것이죠.

이노레드가 오랜 시간 동안 깐느, 뉴욕페스티벌, 클리오 등 세계적인 무대에서 크리에이티브를 인정받고, 세계적인 마케팅 저널 'campaign'이 선정한 한국/일본 통합 최고의 독립광고회사이자 최고의 기업문화를 가진 곳으로 인정받은 이유도 '나의 삶을 사는 것이 영감의 원천'이라는 믿음을 실천해온 서사 위에서 조금씩 설명될 수 있을 것 같습니다.

그리고 이러한 성찰은 지금 우리가 맞이하고 있는 AI 시대에 더욱 깊은 의미를 던져줍니다. AI는 이미 인간의 많은 지적, 창조적 활동 영역에서 놀라운 능력을 선보이며 우리를 압도하고 있습니다. 그렇다면 이 거대한 기술의 물결 앞에서, 인간 고유의 가치는 어디에서 찾아야 할까요? 저는 그 답이 다시 한번 '자신의 삶을 살아가는 것', 그리고 그 안에서 '스스로 매료되고 싶은 것에 대한 끊임없는 성찰과 이를 향한 자신만의 서사를 만들어가는 주체적인 노력'에 있다고 생각합니다.

AI는 방대한 데이터를 학습하고 복잡한 패턴을 분석하며, 심지어 새로운 콘텐츠를 생성할 수도 있습니다. 하지만 AI는 스스로 '무엇에 매료될 것인지' 결정하지 못합니다. AI는 자신만의 고유한 '서사'를 갈망하거나 창조하지 못합니다. 그것은 온전히 인간의 영역입니다. AI가 아무리 발전한다 해도 어떤 질문을 던질 것인가, 어떤 가치를 추구할 것인가, 무엇을 아름답다고 느낄 것인가에 대한 최종적인 방향키는 결국 인간의 손에 쥐어져 있습니다.

따라서 AI 시대에 우리에게 필요한 것은 기술에 대한 막연한 기대나 두려움이 아니라, 오히려 자기 자신에 대한 더 깊은 이해와 탐구입니다. 내가 진정으로 무엇에 마음이 끌리는지, 어떤 문제에 가슴이 뛰는지, 어떤 이야기를 세상에 펼쳐 보이고 싶은지를 성찰하는 시간. 그리고 그 성찰을 바탕으로 자신만의 서사를 한 줄 한 줄 써내려가는 과정. 바로 이 지점에서 AI는 우리에게 강력한 조력자가 될 수 있습니다. 우리가 매료된 대상을 더 깊이 탐구하고, 우리의 서사를 더욱 풍성하게 만들며, 그 서사를 세상에 효과적으로 전달하는 데 AI의 능력을 활용할 수 있는 것입니다.

결국 AI 시대에도 변치 않는, 아니 오히려 더욱 중요해지는 것은 '나'라는 존재의 고유성입니다. 한강 작가가 골방으로 돌아가 자신의 글을 이어가고 BTS의 RM이 '나'로 남기 위해 노력하듯, 그리고 이노레드의 구성원들이 각자의 삶 속에서 영감을 채워오듯 말입니다.

우리 역시 AI라는 거대한 조류 앞에서 우리 자신의 삶, 우리 자신이 만들어갈 서사의 주인공이 되어야 합니다. 그때 비로소 AI는 우리를 대체하는 존재가 아니라, 우리의 매력을 증폭시키고 우리의 서사를 확장하는 가장 창의적인 파트너가 될 것입니다. 그리고 그 여정 자체가 이 시대 가장 빛나는 영감의 원천이 되어줄 것이라 믿습니다.

우리 자신이 서사의 주인공이 될 때,
비로소 AI는 우리의 서사를 확장하는 가장 창의적인 파트너가 될 것입니다.

> **Special Story** +++
>
> ## 닌텐도의 이와타 사토루 이야기
> : "명함 속 사장, 머릿속 개발자, 마음속 게이머"

AI가 인간의 지적, 창조적 활동 영역을 빠르게 잠식하는 것처럼 보이는 이 시대에도 한 사람의 삶이 응축된 진솔한 '서사^{Narrative}'가 가진 힘은 AI가 대체하기 어려운 영역이라고 생각합니다. 닌텐도의 전설적인 4대 사장, 이와타 사토루의 이야기는 서사의 가치를 다시 생각하게 합니다. 이미 세상을 떠난 고인이 되신 분의 오래된 이야기지만 제 마음속에 아주 오랫동안 영감으로 남아 있습니다.

2009년 미국 경제 주간지 〈비즈니스위크〉는 닌텐도를 세계 최고의 기업으로 선정합니다. 당시 구글 직원이었던 저는 시대의 혁신을 이끌어가던 애플이나 구글과 같은 플랫폼 기업이 아닌 닌텐도가 선정된 것에 오히려 흥미가 생겼습니다. 게임을 좋아하지 않는 제가 이와타 사토루의 서사를 알게 된 것도 이때쯤입니다.

    그의 삶에 대한 이야기는 워낙 전설과 같아서 유튜브나 언론 등을 통해 많이 소개되었습니다. 그는 어린 시절부터 게임에 대한 남다른 열정을 보였는데, 고등학생 때 미국 HP 전자계산기를 이용해 혼자 힘으로 게임을 만들었을 정도였습니다. 그 게임을 HP에 보냈을 때 이와타 사토루의 재능에 놀란 HP 측에서 여러 제품을 보내주었다고 합니다. 이 일화는 그의 타고난 재능과 게임에 대한 몰입을 보여주는 그의 서사의 시작점이었습니다.

    대학을 졸업 후 게임 개발 업체인 할[HAL] 연구소에 프로그래머로 입사하며 본격적인 게임 개발자의 길을 걷습니다. 이후 닌텐도용 게임을 개발하며 실력을 인정받아 사장이 되었고, 스카우트되어 닌텐도에 조인한 후 컴퓨터 온라인 게임 중심으로 시장이 재편되는 심각한 위기 상황에서 닌텐도의 사장이 됩니다.

    이러한 위기 상황에서 그는 자신만의 서사를 펼쳐 보입니다. 그는 기존의 게임 유저뿐 아니라 게임을 하지 않는 사람들까지 매료시킬 수 있는 새로운 게임기 개발에 착수했고, 2004년도에 '닌텐도 DS'와 2006년 '닌텐도 위^{Wii}'라는 세계적인 히트작의 탄생으로 이어졌습니다. 게임을 온 가족이 함께 즐길 수 있는 취미로 진화시키는 데 성공하며, 닌텐도를 위기에서 구출하고 새로운 전성기를 열었습니다.

그리고 마침내 2005년, 세계 최대 규모의 게임 개발자 연례행사인 GDC에서 그는 그의 서사를 가장 함축적이고 강력하게 전달하는 연설을 합니다. 그의 연설 제목은 '게이머의 마음 The Heart of a Gamer'이었습니다.

"명함 속의 저는 한 회사의 사장입니다. 머릿속의 저는 게임 개발자입니다. 하지만 마음속의 저는 게이머입니다."

이 짧은 문장은 단순한 자기소개를 넘어, 이와타 사토루라는 한 인간의 삶과 철학을 보여주는 강력한 서사였습니다. 개발자나 경영자 이전에 그의 가장 깊은 곳에는 게임을 순수하게 사랑하고 즐기는 한 명의 '게이머'로서의 정체성이 자리 잡고 있다는 진솔한 고백이기도 했습니다. 이후 오랫동안 회자되며 이와타 사토루를 세계 게임업계의 아이콘으로 만들었습니다. 왜 사람들은 그의 말에 그토록 깊이 공감하고 감동했을까요?

그것은 바로 '진정성 있는 서사의 힘' 때문입니다. AI가 아무리 정교한 데이터를 분석하고, 인간과 유사한 콘텐츠를 생성해낸다 할지라도, 한 개인이 자신의 삶을 통해 쌓아 올린 경험, 신념, 그리고 그것을 바탕으로 타인과 연결되려는 진솔한 목소리가 담긴 서사는 결코 모방할 수 없습니다. 그래서 이와타 사토루의 "마음속의 저는 게이머입니다"라는 말은 그 어떤 사람의, 그 어떤 AI의 메시지보다 큰 울림을 주는 영감이 되었습니다.

AI 시대를 살아가는 우리는 기술을 익히고 활용하는 능력만큼이나, 혹은 그 이상으로 자기 자신의 삶을 깊이 성찰하고, 그 안에서 고유한 가치와 이야기를 발견하며, 그것을 진솔하게 세상과 나누는 '서사 구축의 능력'을 키워나가야 합니다. 우리 각자의 삶 속에 담긴 진솔한 서사야말로 AI 시대에 더욱 빛을 발하며 인간 고유의 가치를 증명하는 가장 강력한 힘이 될 것입니다.

나의 삶이 매료되는 서사가 되는 순간,
세상의 모든 소음이 사라지고 당신만이 울려 퍼진다.

다섯 번째 수업

거인의 어깨 위에 올라서서

———————— 더 넓은 세상을
바라보라

거인의 어깨 위에 서는 설렘

　오랜 시간이 흘러도 여전히 큰 감동을 주는 클래식 음악이나 그림처럼 우리에게 깊은 영감을 주는 말들이 있습니다. 아이작 뉴턴 경의 "내가 더 멀리 볼 수 있었다면, 그것은 거인의 어깨 위에 서 있었기 때문이다"라는 겸손하면서도 통찰력 넘치는 고백이 그중 하나입니다. 이 말은 단순히 과거의 지혜를 존중하는 차원을 넘어, 선대의 축적된 지식과 성과를 발판 삼아 새로운 지평을 열어가는 인류 진보의 본질을 꿰뚫고 있습니다.

오늘날 우리 곁에도 수많은 거인이 존재합니다. 그중에서도 저는 '기술'과 '사람'이라는 두 거인에 대해 이야기하고 싶습니다.

여러분은 혹시 '구글 스칼라'라는 서비스를 이용해 보신 적 있으신 가요? 방대한 학술 논문을 검색할 수 있는 이 디지털 도서관은 지난 20년간 수많은 연구자와 학생들에게 지식의 바다를 항해하는 든든한 길잡이가 되어주었습니다. 이 서비스의 사용자 인터페이스는 여러 차례 변화를 겪었지만, 한 가지 변치 않고 그 자리를 지키는 문구가 있습니다. 바로 뉴턴의 저 유명한 말, '거인의 어깨에 올라서서 더 넓은 세상을 바라보라'입니다. 구글 스칼라가 추구하는 핵심 가치를 가장 정확하게 담아낸 문장이죠. 수많은 선배 연구자들의 삶과 노력이 응축된, 그야말로 거인과 같은 학문적 성과들을 디딤돌 삼아 다음 세대가 더 위대한 발견과 통찰에 이를 수 있도록 돕는 것. 이것이 바로 지식이라는 거인의 어깨가 우리에게 선사하는 가능성입니다.

영국의 낭만주의 시인 존 키츠$^{John\ Keats}$는 '뉴턴이 분광학을 통해 무지개를 해부했고, 이로 인해 과학이 낭만을 소멸시켰다'는 내용의 시를 남겼습니다. 『과학자의 서재』를 쓴 세계적인 학자 최재천 교수는 이렇게 비유했죠.

"거칠게 말하면 이래요. 달나라에 계수나무가 있고 토끼가 떡방아를 찧는 줄 알았는데, 우주선을 타고 가보니 황폐하기 짝이 없단 말이죠. 토끼도 나무도 없고요. 그러니 낭만이 깨졌다고들 해요. 그러나 정말 그런가요? 과학이 드디어 인간의 상상을 우주 공간까지 확장했다고 볼 순 없을까요? 그건 낭만이죠. 과학을 제대로 이해하고 나면 훨씬 더 기막힌 낭만적 사고를 할 수 있게 돼요. 즉 과학은 낭만과 상상을 결코 죽이지 않아요. 더 큰 경지의 낭만과 상상을 선사하죠."

얼마 전 저는 기술이라는 거인의 어깨에 올라 더 큰 세상을 현실로 만들며 사람들의 상상의 세계를 확장시켜주는 한 장면을 목격했습니다. 일론 머스크가 이끄는 '스페이스X'의 '스타십^{Starship}' 이야기입니다.

출처 : 게티이미지

　인류의 화성 이주라는 원대한 꿈을 안고 개발 중인 이 거대한 우주선은 최근 다섯 번째 시험 비행에서 역사적인 순간을 만들어냈습니다. 발사 후 임무를 마친 1단 로켓 '슈퍼헤비'가 지상으로 귀환하며 마치 SF 영화의 한 장면처럼 발사대에 설치된 거대한 로봇팔, 일명 '젓가락 로봇팔'에 의해 정확히 붙잡힌 것입니다. "이건 정말 말도 안 돼요!" 현장의 스페이스X 관계자가 터뜨린 이 한마디는 단순한 감탄을 넘어, 인류 기술사의 새로운 이정표가 세워지는 순간의 경이로움을 담고 있습니다. 이 성공은 스타십 재발사에 필요한 시간과 비용을 획

기적으로 절감시켜, 머스크가 공언해온 '100톤 화물을 135억 원 이하로 우주에 보내는 시대'를 향한 담대한 첫걸음이었습니다. 그는 SNS를 통해 "인류가 여러 행성에서 살 수 있게 하기 위한 큰 발걸음이 이루어졌다"고 자평했죠.

출처: 로이터 통신

이 놀라운 혁신을 일궈낸 일론 머스크의 담대함과 비전은 물론 경탄스럽습니다. 하지만 그날, 제 마음을 더욱 사로잡은 것은 다른 풍경이었습니다. 로봇팔이 로켓을 붙잡는 역사적인 순간, 수많은 관중이 환호성을 지르며 서로를 얼싸안고 기쁨을 나누는 사진 속에서, 유독 한 아이의 모습이 제 눈에 들어왔습니다. 아버지의 어깨 위에 올라앉아 두 눈을 반짝이며 이 놀라운 광경을 목격하는 아이였습니다. 아버지라는 든든한 거인의 어깨 위에서, 우주로 향했다가 마치 살아 있는 생명체처럼 스스로 돌아와 로봇팔에 안기는 거대한 로켓을 바라보는 아이. 그 아이의 눈에 비친 것은 단순히 거대한 로켓의 귀환이 아니었을 것입니다. 그것은 아마도 우주를 향한 인류의 꿈, 그리고 자신도 언젠가 저 너머를 향해 나아갈 수 있다는 가능성의 실현이었을 테지요. 그 아이의 세계는 얼마나 더 넓어지고 그 꿈은 얼마나 더 커질 수 있을까요? 저는 그 무한한 가능성에 가슴 벅찬 부러움을 느꼈습니다.

기술, 우리 곁에 있는 큰 거인

이처럼 기술은 우리가 두려워해야 할 대상이 아니라, 우리를 더 넓은 세상으로 이끌어주는 든든한 파트너, 우리 시대의 위대한 거인이 될 수 있습니다. 특히 AI 기술의 눈부신 발전은 우리에게 이전과는 비교할 수 없는 자유롭고 과감한 상상을 허락하고 있습니다. 이제 우리는 과거에는 상상조차 할 수 없었던 담대한 목표를 설정하고, 인류의 더 위대한 문제 해결을 향한 뜨거운 욕망을 품어도 되는 시대를 살아가고 있는 것입니다.

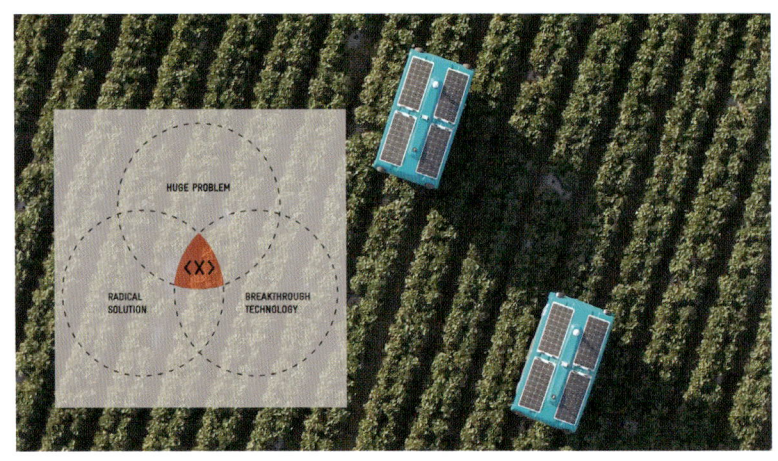

구글에서는 이러한 사고방식을 '문샷 싱킹Moonshot Thinking' 혹은 '10× 사고'라고 부릅니다. 달에 사람을 보내겠다는 선언처럼 불가능해 보일 만큼 과감하고 혁신적인 목표를 설정하는 것, 그리고 현재보다 10% 개선이 아닌 '10배 성장'을 목표로 하는 것입니다.

목표를 낮게 설정하면 우리는 대부분 하던 일을 조금 더 열심히 하는 방식으로 문제를 해결하려 합니다. 과거의 성공 방식, 익숙한 틀에서 벗어나기 어렵죠. 10% 정도는 기존의 노력으로도 달성 가능할 것처럼 보이니까요. 하지만 목표를 10배로 설정하는 순간, 우리는 자연스럽게 깨닫게 됩니다. 하던 일을 아무리 열심히 해도 10배 성장은 불가능하다는 것을. 바로 이 지점에서 '다르게 해야 한다'는 강력한 동기 부여가 생겨나고, 과거의 관성에서 벗어나 새로운 해법을 모색하게 되는 것입니다.

구글이 개발한 독특한 형태의 풍력 발전기가 좋은 예입니다. 우리가 제주도에서 흔히 보는 거대한 프로펠러형 발전기가 아니라 비행기처럼 생긴 이 발전기는 왜 탄생했을까요? 만약 목표가 '3년 안에 기존 풍력 발전기 효율 10% 향상'이었다면, 아마도 연구원들은 프로펠러의 모양을 바꾸거나 소재를 개선하는 데 집중했을 겁니다.

프로펠러형 풍력 발전기   비행형 풍력 발전기 '마카니'

하지만 '3년 안에 효율 10배 향상'이라는 문샷 목표를 세웠다면 접근이 달라집니다. 기존의 풍력 발전기 개념 자체에 의문을 제기하게 만들었습니다. 지상 100~150미터 높이의 바람보다 훨씬 강력한 바람이 부는 250~300미터 상공의 에너지를 활용하자는 아이디어. 하지만 기존 방식으로 이 높이의 발전기를 만들려면 거의 63빌딩 크기의 구조물이 필요했고, 이는 비용과 자원 낭비 측면에서 지속 가능하지 않았습니다. 그래서 구글은 하늘 높이 떠올라 강한 바람을 전기로 바꿀 수 있는, 전혀 새로운 개념의 '비행형' 풍력 발전기를 고안해낸 것입니다.

이처럼 우리는 이전보다 훨씬 더 강력한 기술이라는 거인의 어깨 위에 서 있기에, 더 넓은 세상을 조망하며 더 과감한 목표를 향해 나아갈 수 있는 최적의 환경을 맞이했습니다. 그리고 그 과감한 목표는 단순히 우리가 도달해야 할 결과만을 의미하지 않습니다. 그것은 현재의 우리와 끊임없이 상호작용하며, 지금 우리가 어떻게 사고하고 행동해야 하는지에 대한 영감과 동기를 부여하는 살아 있는 나침반과도 같습니다.

이러한 담대한 목표 설정과 세계관의 재정의가 어떻게 현실로 구현되는지 보여주는 대표적인 사례가 바로 구글의 자율주행 기술 기업 '웨이모Waymo'입니다. 불과 십수 년 전만 해도 공상과학 영화 속 이야기처럼 들렸던 '운전자 없는 자동차'라는 문샷 목표. 웨이모는 이를 현실로 만들기 위해 AI라는 거인의 어깨 위에서 10배의 사고를 거듭했습니다. 그리고 2025년 현재, 웨이모는 미국 피닉스, 샌프란시스코, 로스앤젤레스, 오스틴과 같은 복잡한 대도시의 거리 곳곳을 실제로 누비고 있습니다. 이미 매주 20만 건 이상의 호출을 받아 사람들을 목적지까지 안전하게 이동시키고 있으며, 일상적인 교통수단으로 자리 잡았습니다. 지금 이 순간에도 웨이모 차량들은 인간 운전자 없이 스스로 판단하고 운행하며 새로운 역사를 써내려가고 있습니다.

이는 단순히 자동차 기술의 점진적 개선이 아닌, AI를 통해 이동이라는 인간의 근본적인 행위와 도시의 풍경, 나아가 개인의 삶의 방식까지도 재정의할 수 있다는 가능성을 현실로 증명해 보인 것입니다. 웨이모의 여정은 AI라는 거인이 우리에게 얼마나 과감한 꿈을 꿀 수 있게 하는지, 그리고 그 꿈이 어떻게 우리의 세계관을 확장시키는지 보여줍니다.

놀라운 기술의 발전, 특히 AI는 유사 이래 그 어떤 거인보다 더 크고 넓은 어깨를 우리에게 내어주고 있습니다. 이는 단순히 더 멀리, 더 높이 볼 수 있게 되었다는 차원을 넘어섭니다. 바로 우리 스스로 '일'의 본질이 무엇인지, '성취해야 할 목표'의 지평은 어디까지 확장될 수 있는지, 나아가 우리가 진정으로 '추구해야 할 가치 있는 삶'이란 어떤 모습인지에 대한 근본적인 질문을 새롭게 던지고, 그 모든 것에 대한 기존의 세계관을 과감히 재정의할 수 있는 장엄한 기회가 우리 시대에 펼쳐졌음을 의미하는 것입니다.

사람, 서로에게 가장 큰 거인이 되어야 할 시대

오랫동안 사람에게 가장 큰 거인이 되어온 것은 바로 사람이라고 생각합니다. 그리고 AI 시대, 우리는 서로에게 더욱 크고 의미 있는 거인이 되어주어야 하며, 또 그럴 수 있는 잠재력을 지니고 있습니다.

기술이 세상을 바꾸는 거대한 동력으로 여겨지고, 그 어깨 위에 올라 더 넓은 세상을 꿈꾸는 지금, 역설적이게도 인간은 서로의 존재를 통해 더욱 깊은 의미와 성장을 갈망하고 있습니다.

최근 미국 공중보건서비스단이 발표한 보고서 '외로움과 고립감이라는 유행병'은 충격적인 현실을 드러냅니다. 외로움이 매일 담배 15개비를 피우는 것만큼이나 건강에 치명적이라는 사실입니다. 이 보고서에 따르면 외로움은 조기 사망 가능성을 최대 69%까지 높이며, 심장병 위험은 29%, 뇌졸중 위험은 32% 증가시킵니다. 불안, 우울, 치매와의 연관성은 물론, 바이러스 감염에도 더욱 취약해진다는 분석은 외로움이 단순한 감정을 넘어선, 우리 시대의 심각한 질병임을 시사합니다.

영국의 경제학자 노리나 허츠Noreena Hertz는 저서 『고립의 시대』에서 외로움을 몸과 마음에 깊은 상흔을 남기는 질병으로 규정했습니다. 특히 AI 기술이 인간의 역할을 대체할 수 있다는 가능성이 제기되면서, 우리는 인간 소외, 존엄성의 상실, 변두리로 밀려나는 것에 대한 근원적인 두려움에 직면하고 있습니다. 이러한 시대적 배경 속에서 사람은 그 존재 자체로 서로에게 더욱 절실한 의미가 되어가고 있습니다.

도전을 피한다
(avoid challenges)

장애물을 만났을 때 쉽게 포기한다
(give up easily when faced with obstacles)

노력을 쓸모 없는 것으로 여긴다
(see effort as fruitless or worse)

비난이나 유용한 반대 의견을 무시한다
(ignore criticism or useful negative feedback)

다른 사람의 성공에 위협을 느낀다
(feel threatened by the success of others)

구글에서 처음 팀을 리드하는 매니저가 되었을 때, 리더는 팀원들이 '고정형 마인드셋Fixed Mindset'이 아닌 '성장형 마인드셋Growth Mindset'을 갖도록 코칭해야 한다는 교육을 받았습니다. 두 마인드셋의 차이는 어찌 보면 지루할 만큼 당연한 이야기들로 채워져 있고, 우리가 지향해야 할 성장형 마인드셋은 말은 쉽지만 실천은 어려운 덕목들로 가득합니다.

도전을 반긴다
(embrace challenges)

역경 앞에서도 최선을 다한다
(persist in the face of setbacks)

노력을 완벽으로 가기 위한 과정으로 여긴다
(see effort as the path of mastery)

비판으로부터 배운다
(learn from criticism)

다른 사람의 성공을 통해 교훈과 영감을 얻는다
(find lessons and inspiration in the success of others)

그런데 그중에서 두 마인드셋을 가장 극명하게 대비시키는 요소이자, 실천하기 가장 어려운 지점을 꼽으라면 바로 '타인의 성공에 대한 반응'일 것입니다. 고정형 마인드셋을 가진 사람은 다른 사람의 성공에 위협을 느끼지만, 성장형 마인드셋을 가진 사람은 다른 사람의 성공을 통해 배움과 영감을 얻습니다.

고정형 마인드셋이 지배하는 조직을 상상해보십시오. 누군가 훌륭한 성취로 축하받는 자리가 끝나기가 무섭게, 사람들은 흩어져 그가 그런 칭찬을 받을 자격이 없다며 뒷담화를 늘어놓기 시작합니다. 그 사람의 성공은 나에게 위협이니 위협을 제거하는 방법은 두 가지죠. 나도 성공하거나 그의 성공을 폄하하거나. 반면 성장형 마인드셋이 충만한 조직에서는 누군가의 성취에 모두가 진심으로 다가가 축하를 건네고 서로 먼저 커피나 식사를 대접하겠다고 나섭니다. 그들의 성공 여정에서 단 하나의 요소라도 자신의 성장 동력으로 삼으려는 열망이 조직 전체를 긍정적인 에너지로 단단하게 합니다.

거인의 어깨는 멀고, 질투의 골은 깊다
: 성장형 마인드셋을 가로막는 그림자

"다른 사람의 성공을 통해 교훈과 영감을 얻어라." 마치 거인의 어깨 위에 올라서서 더 넓은 세상을 조망하듯, 타인의 빛나는 성취를 발판 삼아 우리 역시 더 높은 곳으로 나아가라는 매력적인 제안이죠. 하지만 이토록 명쾌하고 이상적인 조언이 현실에서는 왜 그토록 실천하기 어려운 과제가 되는 것일까요? 안타깝게도 인간의 내면 깊숙한 곳에는 타인의 성공을 순수하게 축하하고 배우려는 숭고한 열망을 가로막는 본능적인 그림자가 드리워져 있습니다.

매일 아침 저의 하루를 풍성한 영감으로 가득 차게 만들어주는 '매일경제 미라클 레터' 원호섭 기자님의 글에서 알게 된 흥미로운 실험을 소개합니다.

2009년 과학 학술지 〈사이언스〉에 발표된 연구는 다른 사람의 성취를 '거인의 어깨'로 받아들이는 것이 얼마나 어려운 일인지 보여줍니다. 실험 참가자들은 자신보다 뛰어난 상대를 보며 부러움을 느꼈습니다. 그런데 그 부러움의 대상이 예기치 않은 사고를 당하는 등 불행한 상황에 처했을 때, 참가자들의 뇌에서는 '선조체'라는 영역이 활성화되는 것이 관찰되었습니다. 선조체는 '보상'과 관련된 뇌 부위로 우리가 기쁨을 느낄 때 주로 활성화됩니다. 즉 타인의 불행을 목격했을 때 우리 뇌는 아이러니하게도 '기쁨'의 신호를 보낸다는 것입니다.

'고소함'이라는 감정의 신경학적 증거인 셈입니다.

2015년 하버드 대학의 연구 역시 이러한 경향을 뒷받침합니다. 자신이 부러움을 느꼈던 대상이 불행한 일을 당했을 때, 사람들의 신체는 실제로 기쁨을 느낄 때 나타나는 생리적 반응을 보였습니다. 더욱 흥미로운 점은 그 기쁨의 크기가 질투의 대상과 자신이 얼마나 관련이 있느냐에 따라 달라진다는 사실입니다. 나와 가까운, 혹은 내가 중요하게 생각하는 영역에서 경쟁 관계에 있다고 느꼈던 사람이 불행을 겪을 때, 우리의 '기쁨'은 더욱 커지는 경향을 보였습니다.

이러한 시기와 질투의 감정은 단순히 내면의 불편함으로 그치지 않고, 우리의 행동에도 직접직인 영향을 미칩니다. 한 실험에서 '감사한 일'을 떠올리며 긍정적인 감정을 느낀 사람들은 길에서 누군가 떨어뜨린 필통을 발견했을 때 적극적으로 도와주는 모습을 보였습니다. 하지만 '부러움'을 느꼈던 상황을 떠올리고 있던 참가자들은 필통 줍는 것을 도와줄 확률이 현저히 떨어졌으며, 돕는다 하더라도 주워주는 연필의 개수가 훨씬 더 적었습니다. 연구진은 "부러움의 부정적인 경험이 다른 사람을 돕고자 하는 의지를 낮추고 심지어 다른 사람을 해칠 가능성이 있다"고 분석했습니다. 즉 우리가 부러움이라는 감정에 휩싸일 때 우리 뇌는 타인의 작은 어려움조차 외면하는 냉정한 존재로 변모할 수 있다는 것입니다.

결국 '다른 사람의 성공을 통해 교훈과 영감을 얻는 것'은 우리의 뿌리 깊은 본능적 감정들과 정면으로 맞서야 하는, 생각보다 훨씬 더 어려운 과제입니다. 타인의 빛나는 성취 앞에서 순수한 찬탄과 배움의 자세를 갖기란, 마치 거친 파도를 거슬러 항해하는 배처럼 힘들고 불편한 노력을 필요로 합니다. 거인의 어깨는 분명 존재하지만 그곳에 올라서기 위해서는 먼저 내 안의 질투라는 깊은 골짜기를 건너야만 하는지도 모릅니다.

여러분의 용돈이나 월급 중 일부를 주변 사람의 성취를 진심으로 축하하며 그들로부터 성장의 영감을 얻는 경험에 투자한다면, 그것은 단순한 소비가 아니라 눈부신 수익률을 안겨줄 가장 확실한 투자가 될 것입니다. 돌이켜보면 우리는 누군가의 성공을 진심으로 축하하는 것에 인색한 경우가 많습니다. 극심한 경쟁이 일상화된 대한민국의 교육 및 사회 환경 속에서 타인의 성공은 곧 나의 상대적 도태로 해석되기 쉽고, 그들의 빛나는 성취를 열린 마음으로 받아들이기란 결코 쉬운 일이 아니기 때문입니다.

AI 시대, 우리는 서로에게 더욱 훌륭한 거인이 되어주고 기꺼이 어깨를 빌려주어야 합니다. 그리고 거인이 된 사람들을 진심으로 축하하며, 그들의 어깨 위에서 더 넓은 세상을 바라보는 지혜를 발휘해야 합니다. 서로에게 거인이 되어준다는 것은 단지 실용적 지식이나 전문성, 시장에서의 경쟁력과 같은 가시적인 부분만을 의미하지 않습니다. 앞서 언급했듯, 외로움이 현대 사회의 질병으로 자리 잡고 AI와 로봇으로 인한 인간 소외가 현실적인 우려로 다가오는 지금, 사람이 가진 '사람에 대한 공감 능력$^{Empathy\ Mindset}$'이야말로 우리가 한 인간으로서 자존감과 행복감을 느끼며 살아갈 수 있도록 돕는 가장 '인간적인' 능력입니다.

Mindset definitions

- **Enterprise Mindset** - the ability to act in the best interests of the enterprise rather than one's business unit, function, or team.
- **Empathy Mindset** - the ability to put ourselves in other people's shoes so we can see and feel from their perspective.
- **Innovation Mindset** - the ability to consistently approach problems and opportunities in new and novel ways that create value for others.

리더십의 새로운 차원, 공감 마인드셋

구글에서 임원이 되었을 때, 임원이 갖춰야 할 세 가지 마인드셋에 대한 교육을 받았습니다.

- **기업가적 마인드셋** Enterprise Mindset
  : 자신의 조직뿐 아니라 회사 전체의 이익과 성장을 통합적으로 고려하는 것.
- **혁신적 마인드셋** Innovation Mindse
  : 새로운 가치를 창출하기 위해 끊임없이 문제 해결의 새로운 방법을 모색하는 것.

- **공감 마인드셋** Empathy Mindset

  : 다른 사람의 입장이 되어 그 사람의 관점으로 보고 느끼는 것.

그중 기업가적 마인드셋과 혁신적 마인드셋의 중요성은 쉽게 수긍이 갔습니다. 그러나 '공감 마인드셋'은 우리가 흔히 생각하는 직업적 능력이라기보다는 태도, 마음가짐, 관점에 가까워 조금은 다른 결로 다가왔습니다. 특히 AI 시대에 이 공감 마인드셋은 '사람인 리더가 사람인 파트너와 조직 구성원에게' 반드시 갖춰야 할, 그 어떤 기술보다 중요한 소프트 스킬입니다.

비즈니스 문제를 해결하고 효과적인 협업을 이끌어내기 위해 각 부서의 입장과 맥락을 이해하는 데도 공감 마인드셋은 필수적입니다. 더욱이 외로움이 질병이 되고 AI가 인간 소외를 심화시킬 수 있는 시대에, 사람이 다른 사람에게 심리적 거인이 되어주는 방법론적 관점에서 공감 마인드셋의 가치는 더욱 빛을 발합니다.

저는 제 조직 구성원 중 누군가 승진을 하면 그 사람이 평소 가장

> 누군가에게는 정말
> 자랑스러운 존재이고 싶은 우리

축하받고 싶어 했던 대상에게 축하 꽃다발을 보냅니다. 그 대상은 부모님일 수도, 배우자일 수도, 혹은 장인장모님이나 시부모님일 때도 있습니다. 우리는 누군가에게 정말 자랑스러운 존재이고 싶지만, 때로는 그렇지 못하다는 아쉬움을 안고 살아갑니다. 평상시 면담이나 커피챗을 통해 그 사람의 삶 속에 담긴 서사에 귀 기울이고 그들이 가장 인정받고 싶어 하는 사람이 누구인지 기억해두었다가, 승진이라는 기쁜 순간에 그분에게 "당신의 소중한 가족이 우리 조직과 저에게 얼마나 귀한 존재인지, 그리고 사회생활에서 얼마나 의미 있는 역할을 해내고 있는지"를 알려드리는 것입니다. 이는 아주 작은 노력에 불과할지 모르지만, 공감 마인드셋은 이처럼 진심에서 우러나와 사람의 마음을 움직이는, 무엇과도 바꿀 수 없는 중요한 가치라고 믿습니다.

AI가 인간의 많은 부분을 대체할지 모른다는 예측 속에서도, 서로의 마음을 헤아리고 기쁨과 슬픔을 나누며 성장을 지지하는 이 '공감'의 능력이야말로 인간을 인간답게 만들고, 이 시대를 살아가는 우리 모두에게 가장 필요한 거인의 모습일 것입니다.

AI 시대, 우리는 서로에게 더욱 훌륭한 거인이 되어주고
기꺼이 어깨를 빌려주어야 합니다.
'사람에 대한 공감 능력'이야말로 우리가 인간으로서
자존감과 행복감을 느끼며 살아갈 수 있도록 돕는
가장 '인간적인' 능력입니다.

수업을 마치며

좋은 질문은
계속되어야 한다

AI 시대를 살아가는 모두를 위해

2010년 『생각을 선물하는 남자』를 펴낸 뒤, 저는 더 이상 책을 쓰지 않으려고 했습니다. 글이 세상의 변화 속도를 따라가기 어렵다 생각했고, 전업 작가가 아닌 제가 평일 밤과 주말을 글 쓰는 일에 온전히 투자하는 것이 쉽지 않았기 때문입니다. 무엇보다 제 생각과 믿음이 글을 통해서 누군가를 만나기에는 부족하다고 느꼈습니다.

그러다가 제가 마음을 바꾸게 된 계기를 만나게 되었습니다. 2024년 겨울에 선생님들을 대상으로 특강을 할 기회가 있었습니다. AI는 교육에서도 큰 화두였고, 새로운 시대를 준비하는 선생님들에게 도움이 되고 싶은 마음에 강의를 진행했습니다. 강의 후에 한 선생님께서 이렇게 말씀하셨어요.

"학생들을 가르치는 일만 해온 제가 아이들에게 AI 시대를 어떻게 설명해야 할지, 어떻게 지도하고 교육해야 할지 정말 모르겠습니다. 오늘처럼 강의를 듣는 것도 좋지만, 소수의 선생님들에게만 기회가 주어진 것이니 전국의 많은 선생님들과 아이들을 위해서 이 시대를 이해할 수 있는 책 한 권 써주시면 안 될까요?"

저는 평소에 교육에 관심이 많았기 때문에, AI가 만들어가는 놀라운 세계를 경험할 때마다 그 선생님의 말씀이 생각났습니다. 그래서 다시 글을 쓰기 시작했습니다. 처음에는 교육의 관점에서 학생들을 위한 글을 썼다가, AI 변곡점의 시대를 살아가는 '모두에게' 필요한 이야기가 될 수도 있겠다는 생각에 원고를 다시 썼습니다.

제가 용기 낼 수 있도록 좋은 자극을 주신 선생님께 감사드립니다. 제 삶을 돌아보면 우리 아이들과 선생님들은 저에게 늘 좋은 자극이었습니다.

중학생에게 배운 이 시대를 위한 인사이트

오래전, 대구의 어느 중학교에서 강연했던 기억이 제 마음 한구석에 소중히 남아 있습니다. 강연을 마치고 저는 학생들에게 작은 숙제를 내주었습니다. '어떻게 살고 싶은지 혹은 삶의 좌우명이 있다면 그것을 수학으로 표현해보라'는 것이었죠. 경계를 넘나드는 창의적인 사유의 즐거움을 함께 나누고 싶은 마음에서였습니다.

수많은 발표 중에서도 유독 한 학생의 이야기가 오랜 세월이 흘러도 여전히 제 마음에 선명한 울림을 줍니다. 그 학생은 수줍게, 그러나 단단한 목소리로 이렇게 말했습니다.

$$a^2 + b^2 = a^2 + b^2$$
$$(a+b)^2 = a^2 + b^2 + 2ab$$

$$a = 나,\ b = 타인,\ 제곱 = 성공$$

"a를 '나', b를 '타인', 그리고 제곱을 '성공'이라고 정의해본다면, a^2+b^2은 나의 성공과 타인의 성공이 각자 일어나는 모습입니다. 각자는 성공하지만, 그뿐이죠. 하지만 $(a+b)^2$처럼 나와 타인이 함께 성공을 향해 나아간다면, 우리는 a^2+b^2 외에도 $2ab$라는 추가적인 성공을 만들어낼 수 있습니다. 그래서 저는, $(a+b)^2$처럼 살고 싶은 중학생입니다."

그 발표를 들은 지 10년이라는 시간이 지났지만, 저는 그 학생의 통찰이 지금 우리 시대의 정신, 우리가 나아가야 할 방향을 명쾌하면서도 간결하게 담아내고 있다는 생각에 종종 전율합니다. a가 사람이라면 b는 인공지능일 수 있고, a가 내가 속한 산업이라면 b는 경계에서 꽃을 피워야 할 다른 산업일 수 있습니다. 또한 a가 우리 조직이라면 b는 흐름Flow을 기반으로 함께 가치를 창조해야 할 또 다른 조직이 될 수도 있겠지요.

어쩌면 아이들은 이미 알고 있었던 것 같습니다. 모든 경계에는 아름다운 꽃이 필 수 있다는 것을, 우리 모두는 서로에게 든든한 거인이 되어줄 수 있다는 것을 말입니다.

한 중학생의 수학 공식 하나로 이토록 간결하게 설명될 수 있는 지혜를, 책을 통해 길고 장황하게 말씀드린 것 같아 새삼 부끄러운 마음이 들기도 합니다.

$(a+b)^2$처럼 글을 쓰는 과정에서 AI는 저에게 좋은 파트너였습니다. 책의 구성을 보다 더 체계적으로 만들거나 필요한 정보를 정리할 때, 또 문장을 다듬을 때 AI는 제 옆에서 묵묵히 서포트해주었습니다. 특히 구글의 AI 서비스인 Notebook LM은 제 글에 대한 '자기객관화'가 가능할 수 있도록 제3자의 관점을 제공했습니다. AI가 책 원고 전체를 읽은 후, 책 내용을 바탕으로 두 진행자가 대화하는 팟캐스트를 들려줍니다. 이를 들으면서 생각의 빈 공간을 찾아가는 과정을 거칠 수 있었고, 이런 여정을 통해 AI 시대를 살아가는 저의 세계관도 더 넓어졌습니다. 기술이 먼저인지 세계관이 먼저인지 논하는 것보다, 기술과 세계관이 서로에게 긍정적인 자극이 되어 어떻게 더 의미 있는 가치를 만들 것인가에 집중하는 것이 중요하다는 것을 다시 한번 깨닫습니다.

각자의 지브롤터 해협에서

출처 : Google Earth

위 사진에서 하얀 동그라미는 어디일까요? 확대해서 볼까요?

출처 : Google Earth

네, 바로 지중해와 대서양을 잇는 '지브롤터 해협'입니다. 15세기, 콜럼버스가 이 해협을 용감히 지나 대서양 항해에 나서 아메리카 대륙

좋은 질문은 계속되어야 한다   225

을 발견했다는 이야기는 우리에게 익숙합니다. 하지만 이 지도를 볼 때면, 제게는 무라카미 하루키의 책 『달리기를 말할 때 내가 하고 싶은 이야기』의 한 구절이 더 깊이 다가옵니다.

"100킬로미터 울트라 마라톤을 할 때, 42킬로미터 라인을 넘어섰을 때에는 약간 과장해서 말하면 가벼운 전율을 느꼈다. 42킬로미터보다 더 긴 거리를 달리는 것은 태어나서 처음 해보는 체험이었다. 즉 그곳이 나에게 있어 지브롤터 해협인 것이다. 거기서부터 미지의 망망대해로 들어선다. 그 앞으로 도대체 무엇이 기다리고 있는지, 어떤 미지의 생물이 거기에 살고 있는지 짐작도 할 수 없다."

AI가 우리 앞에 펼쳐놓은 거대한 변곡점의 시대, 어쩌면 인류는 지금 각자의 지브롤터 해협을 건너고 있는지도 모릅니다. 익숙했던 세계의 끝에서 미지의 망망대해로 첫발을 내딛는 순간의 두려움과 설렘이 교차하는 곳. 그 너머에 무엇이 기다리고 있을지, 어떤 풍경이 펼쳐질지 우리는 아직 온전히 알지 못합니다. 다만 한 가지 분명한 것은 그 미지의 바다로 나아가는 여정 자체가 우리에게 새로운 의미를 부여하고, 우리를 또 다른 차원으로 성장하게 하리라는 믿음입니다.

이 책을 시작하며, 변곡점의 시대는 우리에게 좋은 질문을 던진다고 말씀드렸습니다. 이제 책장을 덮는 이 순간, 이란의 세계적인 영화감독 아스가르 파르하디Asghar Farhadi의 말처럼 제 이야기가 여러분 각자의 가슴속에 새로운 질문의 씨앗을 뿌렸기를 소망합니다.

> "관객에게 답을 주는 영화는 극장에서 끝날 것이다.
> 하지만 관객에게 질문을 던지는 영화는 상영이 끝났을 때 비로소 시작한다."

지금도 거침없이 발전하는 AI와 예측가능성을 넘어선 시대의 변화를 생각하면 이미 이 책의 내용은 과거가 될지도 모르겠습니다. 책을 쓰면서 이 책의 수명은 그리 길지 못할 거라고 생각했고, 그 아픈 사실을 받아들여야 한다고 저 자신을 다독였습니다. 부디 이 책을 덮는 순간, 여러분의 마음속에서 새로운 이야기가, 새로운 질문이, 그리고 새로운 여정이 시작되기를 응원합니다.

낯섦과 공존

AI 시대의 세계관 확장 수업

ⓒ김태원 2025

1판 1쇄 발행 2025년 8월 4일
1판 2쇄 발행 2025년 9월 4일

지은이 김태원
펴낸이 황상욱

편집 이은현 박성미 | **디자인** 박지수
마케팅 윤해승 윤두열 | **경영관리** 황지욱
제작처 영신사

펴낸곳 ㈜휴먼큐브 | **출판등록** 2015년 7월 24일 제406-2015-000096호
주소 03997 서울시 마포구 월드컵로14길 61 2층
문의전화 02-2039-9462(편집) 02-2039-9463(마케팅) 02-2039-9460(팩스)
전자우편 yun@humancube.kr

ISBN 979-11-6538-463-0 02300

- 이 책의 판권은 지은이와 휴먼큐브에 있습니다.
- 이 책 내용의 전부 또는 일부를 재사용하려면 반드시 양측의 서면동의를 받아야 합니다.
- 잘못 만들어진 책은 구입하신 서점에서 교환해드립니다.

인스타그램 @humancube_group **페이스북** fb.com/humancube44